心配学

「本当の確率」となぜずれる?

島崎敢

光文社新書

A Study of Anxiety
by Kan SHIMAZAKI
Kobunsha Co., Ltd., Tokyo 2016:1

はじめに――テロリストが狙う「心配」

この本を書いている最中、二〇一五年一一月、フランス・パリで一〇〇人以上の方がテロに巻き込まれて亡くなりました。ニュースを見たあなたが、たとえば来週パリに行く予定だったとしたら、当然とても心配になるでしょう。しかし、実は人々の「心配」こそがテロリストの狙いです。極端な話、テロリストたちにとって、テロは未遂に終わってもいいのです。「テロが起きるかもしれない」とみんなを心配な気持ちにさせるだけで、旅行がキャンセルされたり、街や空港のセキュリティを強化しなければなりません。これによって、精神的打撃に加えて経済的打撃も与えられるのです。

しかし、少し考えてみましょう。ちょっと乱暴ですがここでは、テロの歴史的・政治的・社会的背景や、悪意による殺戮《さつりく》と過失による死亡の違いなど、テロを語る上で重要なことを敢えて無視して議論します。単に「巻き込まれて死んでしまう」という現象だけに着目すると、パリのテロで亡くなった人の数は、東京都の年間交通事故死者数とだいたい同じか、少し少ないくらいです。最近世界が不穏になってきているので、テロで亡くなる人は増えていますが、それでも世界のテロによる死者は自爆した実行犯も含めて年間三万人あまり。交通事故による死者数が世界で年間約一三〇万人もいることを考えると、果たしてどれほど心配すべきことなのか、よくわからなくなってきます。

私たちはテロに巻き込まれたらどうしようと心配している一方で、車を運転する時や道を歩く時に事故に巻き込まれたらどうしよう、とそれほど心配していないような気がします。本当は事故に巻き込まれてしまう確率のほうがずっと高いのに……。

このように「本当の確率」と私たちが感じている「心配」の間には「ずれ」があります。また、心配性の人とそうでない人がいるように、この「ずれ」には個人差もあります。

本当は危ないのに心配しなさすぎると、危ないものから身を守ることができません。一方、実際にはほとんど危なくないことを、過剰に心配するのもあまりよいことではありません。

つまり、「心配」の度合いは「本当の確率」からあまりずれていないほうがよいのです。

本書では、私たちの心配はどこからくるのか、どうやって「本当の確率」を見極めるのか、そして、そこからあまりずれないように適度に心配する方法について解説していきます。

なお、はじめにお断りをしておきますが、私は心理学とか人間工学とか統計学についてはは専門家なので、これらに関する内容については、あまり間違ったことを書いていないはずです。一方、この本には、原子力の話とか医学とか生物学とか、おおよそ私の専門とはかけ離れた内容も多数登場します。なるべく正しく書こうと努力はしましたが、専門ではないのでひょっとすると間違ったところがあるかもしれません。間違っていたらごめんなさい。

いきなり開き直りから入るようで恐縮ですが、これはこの本で一番いいたかったことと関係が深いのです。たとえば原子力発電所から漏れだした放射性物質が私たちの健康にどんな影響を及ぼすのかを考える場合、原子炉の仕組みとか、放射性物質、人間の身体や病気に関してなど、いくつもの専門知識が必要です。さらに「心配」について考えるためには、心理学の知識も必要になってきます。原子力工学と放射線物理学と医学と心理学、どれかひとつを専門とする人はそこそこの数いるでしょう。でもふたつの分野にまたがった専門家の数はぐっと減ります。さらに、三つ四つの分野を専門的に知っているという人はほとんどいないのではないでしょうか。ただ、そう考えた上で、専門家じゃなければ心配している中身がわからないといってしまうことは、結局誰一人わからないといっているのと同じなのです。

私たちが心配している中身は、多くの場合とても複雑です。したがって、私たちは必要なたくさんの専門知識を、ひとつももっていないことがほとんどです。しかし、心配なことを避けるのか、気にしないのか、敢《あ》えてやってみるのかなど、私たちは日々、否応なく選択を迫られます。間違った選択をしないためには、なるべく正しい知識があったほうがよさそうですが、一人でたくさんの専門知識を身につけるのは現実的ではありません。

だからこの本では、私も含めた普通の人が、心配の中身について、「少ない労力で、そこそこ正確に知るコツ」をお伝えできればいいなと思っています。「普通の人」が「少ない労力」で知ることを意識したので、この本では敢えて学術書のような文献の引用をあまりしていません。その代わりに「これとこれをキーワードにして検索したらこんな情報が出てきます。これを見ると……」という説明をしています。専門家の正攻法は図書館に行って論文を読むことで、このほうがより正確で質の高い情報が得られるのですが、この本では、まずは気軽に検索する癖をつけてもらうことと、玉石混淆《こんこう》の情報の中からたしかであろうものを見分ける目を養うことに重点を置きました。

この本には「心配学」というタイトルがついていますが、心配学部とか心配学会があるわけではありません。この本は、心理学とかリスクとか安全について研究している私が「心配な人に科学的な考えかたを伝えるにはこういう内容を書くべきだろう」と思ったことを書きました。さて、うまくいくでしょうか。

全く初めての試みなのでかなり心配ですが、できるだけわかりやすく、そして楽しんでもらえるように話を進めていきたいと思います。世の中のいろいろなことを心配しているみなさん、私と一緒に「心配」について少しだけ深く考えていきましょう。

島崎　敢

心配学

目次

第一章　どうせいつかは死んじゃうのに、なぜ「心配」するのか？

わからないから心配になる

たとえば次のような状況を想像してみましょう。

家族が予定の時間になってもなかなか帰ってきません。携帯電話にかけても出てくれません。あなたは「もしかしたら途中で事故にでも遭ったんじゃないかなあ」などと考えてだんだん心配になってきます。この時、あなたが心配になっている理由は、「家族が無事に帰ってくるかどうかがわからない」からでしょう。

「事故に遭ったかもしれない」というあなたの心配に対する答えは、「事故に遭った」か、「事故に遭っていない」か、ふたつにひとつです。人間はそんなにしょっちゅう事故に遭うわけではないので、「事故に遭った確率」は「事故に遭っていない確率」よりもずっと小さいはずです。しかし「事故に遭った確率」はゼロではありません。

それでは、あなたの心配に対する「答え」が出たらどうでしょうか。

心配だなあ、と思っていた次の瞬間、玄関のドアが開いて「いや〜参った、道が混んでいた上に会社にケータイ忘れてきちゃったよ。連絡できなくてごめんね。電話した?」なんて会話が始まって、ほっとひと安心するかもしれません。あるいは次の瞬間、電話が鳴って

「警察署の者ですけど、〇〇さんのご家族の方ですか? 落ち着いて聞いてください」なんていう嫌な会話が始まるかもしれません。続く会話が、「残念ながら……」であれば、絶望や悲しみが訪れます。「骨折はしてますが命に別状はありません」という展開なら、やはりほっとひと安心するでしょう。あるいは、「明日から旅行に出かけるのに骨なんか折ってどうすんのよ!」と怒りを覚えるかもしれません。いずれにしても、結果が確定した瞬間に心配はどこかに行ってしまい、安堵、絶望、悲しみ、怒りなど、別の感情があなたの心を支配することになります。この段階では「事故に遭った確率」は一〇〇%になっていますが、「心配」はしていないのです。

これが心配の本質です。つまり、確率の大小はさておき、不幸なできごとが起きるのか起きないのかわからない状態が心配を生み出すのです。

心配の源は「リスク」

心配を生み出している「不幸なできごとが起きるかもしれないこと」を、リスクと呼んでいます。もう少し詳しくいうと、「不幸なできごとが起きる確率が〇%より大きく、一〇〇%より小さい状態」のことです。したがって、「不幸なできごとが絶対に起きない場合」や、

「不幸なできごとが確実に起きる場合（または、起きてしまった場合）」はリスクとは呼びません。当たり前のことですが、死んでしまった人には死亡リスクはありません。それから、まだ起きていないけれど、確実に起きると決まっていることもリスクとは呼べないでしょう。私たちはいずれ何らかの原因で確実に死んでしまいますので、それ自体はリスクとはいえません。

しかし、交通事故とか病気とか、「死ぬかもしれない」ことについて私たちは心配しています。これはなぜでしょうか。

先ほど書いたように、死亡すること自体はリスクとはいえませんが、死因や期間を限定して死亡することを考えてみると、それはリスクだといえます。なぜならその確率は〇％より大きく、一〇〇％よりも小さいからです。たとえばあなたは交通事故で死ぬかもしれないし、交通事故では死なないかもしれません。また、向こう一年の間に死ぬかもしれないし、一年後も生きているかもしれません。

リスクの定義

リスクにはさまざまな定義がありますが、大雑把に、

「起きる確率」×「結果の重大性」

だということができます。よく起きることほどリスクが高く、結果が重大であるほどリスクが高いということです。つまり、滅多に起きないけれども、起きてしまうとたくさんの人が亡くなってしまう飛行機事故のようなできごとと、しょっちゅう起きているけど一件あたりの死者や負傷者が少ない交通事故のようなできごとを、同じモノサシで測ろうとしているのです。同じモノサシで測ることができれば、比較できるようになります。比較できれば、どちらのリスクがより重大なのか、どちらに避けるための労力を注ぐべきかがわかります。

しかし、多くの人はリスクを数字に置き換えて、比較することはありません。でも、このあたりがリスクに関する科学的な考えかたの入口です。この本を読み進めながら、少しずつ慣れていきましょう。

本当の確率

私たちの心配の源になっているリスクの、「本当の確率」を考えてみましょう。

「ある地域に住んでいる人」とか「一年間にある道路を通る人」といった大きめの集団を対象にすると、何かの病気にかかるとか、交通事故に遭うといった、不幸なできごとに見舞われる一定の確率がわかります。もちろん、「病気の予防法ができた」とか「交差点に信号をつけた」とか、さまざまな要因でこの確率は変わります。しかし、ある範囲、ある期間で区切ってみると、不幸なできごとに見舞われる「本当の確率」がみえてきます。

さまざまな確率のなかで、「過去の確率」は、情報が揃っていれば正確に計算できます。たとえば、過去一年間、人口が一万人のA市に住む人のうち一人が交通事故で亡くなったとします。そうすると、過去一年間にA市の人が交通事故で死亡する確率は、一万分の一であったといえます。この確率は、過去の確定した事実に基づいているので、きっかり一万分の一で、変わることはありません。つまりこれは「本当の確率」です。ただし、私たちが心配なのは「未来の確率」についてです。

未来の確率も、後から振り返ってみれば正確に計算できますが、今の時点ではどのくらいかわかりません。

だから私たちは心配になり、なんとかして未来を予想しようとします。

これぐらいだと思う確率

では、私たちは不幸なできごとが起きる「本当の確率」が高いほど心配になり、「本当の確率」が低いほど安心するのかというと、どうもそうではなさそうです。

ここでちょっと練習問題をやってみましょう。

人間を死に至らしめる原因となるものを、一〇個用意してみました。

これらの死因を、死んでしまう確率が高い順に並べてみてください。並べ替えるだけでも結構ですが、もしわかりそうなら、具体的な確率の数字を予測してみてください（答えは一〇万人あたりの人数で書かれています）。何も見ないでやってくださいね。

タミフルの副作用で死ぬ　交通事故で死ぬ　インフルエンザで死ぬ

火事で死ぬ　食中毒で死ぬ　癌で死ぬ　サメに食べられて死ぬ

落雷で死ぬ　飛行機事故で死ぬ　殺人事件で死ぬ

計算方法や年によって若干数字は変わってきますが、答えは以下の順番になります。

一位　癌で死ぬ……………二五〇人（一〇万人あたり。年間。以下同）

二位　インフルエンザで死ぬ……八・三人

三位　交通事故で死ぬ………三・三人

四位　火事で死ぬ……………一・七人

五位　殺人事件で死ぬ………〇・五二人

六位　飛行機事故で死ぬ……〇・〇一三人

七位　食中毒で死ぬ…………〇・〇〇四人

八位　落雷で死ぬ……………〇・〇〇二人

九位　タミフルの副作用で死ぬ……〇・〇〇一人

十位　サメに食べられて死ぬ……〇・〇〇〇一人

さて、どうだったでしょうか。あなたがイメージしていた確率と答え（「本当の確率」）は、かなりずれていたのではないでしょうか。

では、この同じ問題を別の人が考えるとどうなるでしょうか。もし、いま近くに誰かが居たら、是非同じ問題を解いてもらって、あなたの答えと見比べてみてください。あなたとぜんぜん違う答えを書いているかもしれません。

あるひとつの対象を心配する度合いには、個人差があります。飛行機に乗る時に辺りを見回してみてください。墜落したらどうしようと心配してガチガチに緊張している人もいれば、絶対に墜落しないと根拠のない自信に満ちた人もいるでしょう。しかし、同じ飛行機に乗っているわけですから、その飛行機が墜落する「本当の確率」はひとつしかありません。ということは、この二人の少なくともどちらか一方（多分両方）が思っている「墜落する確率」は、「本当の確率」ではないということです。

また、人によって心配になる中身も違っています。たとえば飛行機をとてもこわがっているのに、渡航先で犯罪に巻きこまれることを全く考えていなかったり、ハワイでサメに襲われることは心配だけど、交通機関の事故は全く心配じゃないという人もいます。

交通事故に遭うこと、殺人事件に巻きこまれること、災害に巻き込まれること、リストラされること、夫または妻が浮気すること、単位を落とすこと……。私たちはいろいろなことを心配していますが、本当の確率と個人が感じる確率はずれています。そして、個人差もあるので、心配の度合いは、人間の数×心配するできごとの数だけあるのです。

この章のまとめ

私たちは、自分の欲求に従って行動しています。お腹が空いたら何かを食べようとするし、寒いと感じたら服を着ます。もっといい生活をしたいから一生懸命稼ごうとするし、モテたいからオシャレをします。

心配についても同様です。心配とは、「何か不幸なできごとが起きるかもしれないと思っている」ことです、そして不幸なできごとは起きてほしくないので、その原因になりそうな危ないことを避けようとします。

つまり心配は、危険回避の原動力になっているわけです。しかし、「本当の確率」と「感じる確率」は大抵ずれており、このずれが大きいと、私たちの危険回避行動はとんちんかんなものになってしまいます。

とんちんかんな行動を防ぐためには、不幸なできごとが起きる確率を、なるべく正確に計算する必要があります。これはこの本の最も大きなテーマのひとつです。正確な計算のしかたについては、この本の後半で詳しく解説します。前半では引き続き、本当の確率と感じる確率の「ずれ」についてお話しします。

第二章 —— セレブと自分を比べて凹まない、ひとつの方法

危ないという情報が氾濫する理由

私たちのまわりには、私たちを心配させる情報が溢れています。食品添加物とか、放射性物質とか、殺人事件とか、あげればきりがありません。でも実際のところ、これらの物質やできごとは、心配しているほど危険ではないことがほとんどです。何かのきっかけでニュースで報道されると、私たちは心配しますが、しばらくすると忘れてしまいます。ただ、忘れてしまっても、大した問題は起きません。本当に危険なことであれば、忘れてしまうと被害が拡大しそうですが、実際はそうならないのです。

後述しますが、以前、携帯電話の電磁波で脳腫瘍が増えるというニュースがありました。この直後は、携帯電話の利用をこわがり、自分が脳腫瘍にならないか心配になる人も増えたはずです。ひょっとすると、脳腫瘍がこわくて携帯電話の利用を控えたり、頭から本体を遠く離して会話していた人もいたかもしれません。でも今は、多くの人がこのニュースのことを意識せず、以前と同じように携帯電話を使っているはずです。そして、脳腫瘍の人が増えたというニュースは聞きません。

なぜこのようなことが起きるのでしょうか。

リスクに関する情報の多くは、危険性が強調されて報道されることが多いようです。この理由は主に次の三つです。

1　滅多に起きないことのほうがニュースバリュー（価値）が高い
2　ショッキングな内容や、感情に訴える内容のほうが興味をひける
3　リスクを高めに報道しておけば、あとで批判を浴びずに済む

順に見ていきましょう。たとえば交通事故（人身事故）は、年間六〇万件ほど起きています。また、窃盗事件も年間一〇〇万件ほど起きています。単純計算で、どちらも毎日数千件起きていることになります。一方で、飛行機事故や鉄道の脱線事故は滅多に起きません。

私たちの脳は飽きっぽいので、既に知っていること、よくあることには興味を持てませんが、滅多に起きないことの情報は欲しがる傾向にあります。そして、みんなが知りたい情報を発信するのがニュースの役割です。だから滅多に起きないことのほうがニュースの価値は高くなります。飛行機事故や鉄道事故の場合、片側のエンジンが停止して緊急着陸をしたとか、貨物列車が脱線したといった、死者やけが人がいないケースでもニュースになります。

事故や事件を、実際に世の中で起きている件数の順に報道すると、交通事故や自転車泥棒のニュースばかりになってしまいます。余談ですが、知り合いの弁護士さんから、弁護士の仕事の大部分は、交通事故と離婚の裁判だと聞いたことがあります。なるほど、弁護士はニュースとは違って、実際に世の中で起きている頻度によって仕事をしなければいけません。弁護士というと、犯罪や事件の裁判を想像しがちですが、実態はどうもそうではないようです。

メディアとニュース価値

話をニュースに戻しましょう。ほとんどの人は、交通事故や自転車泥棒ばかりのニュース番組など、あまり見たくないはずです。みんなが見たいと思わなければ視聴率は取れないので、テレビや新聞のニュースでは、よくあることをあまり見ることはないけれど、珍しいことは頻繁に目にする、という不思議な現象が起こります。

そして私たちは、よりショッキングなできごとに興味をひかれます。殺人事件でも殺人方法が残忍なニュース、無差別殺人のように善良な市民が被害者のニュース、交通事故でもたくさんの人が亡くなったりひき逃げなどのニュースに興味をひかれるのです。また、女子生徒のリコーダーが大量に盗まれたといった、人命にかかわるほど重大ではないが、ちょっと変わったニュースにも興味をひかれます。

テレビ局は視聴率が高いほど、新聞や雑誌は発行部数が多いほど、ネットの記事はページビューが多いほど広告の単価が上がり、広告収入も増えます。したがって、多くの人の興味をひきそうな内容の露出度が必然的に高まります。

また、無機質に淡々と情報を読み上げるだけのニュースや、統計情報が網羅的に掲載されている資料は、客観的ではあってもとっつきにくく、わかりにくいものです。それよりも、コメンテーターが「こわいですねえ」とか「許せないですねえ」などと訴えるほうがずっと感情移入しやすいし、理解したような気にもなるので、私たちはそういうメディアを好んで選択します。つまり、ショッキングで感情に訴えるような報道をしたほうが、見てもらいやすくなるし儲かりもするのです。こういった事情から、私たちは実際の頻度以上に、ショッキングなできごとや感情的な表現を目にすることになります。

天気予報が外れたら……

「本当の確率」と「個人が感じる確率」がずれるのと同様に、「実際のリスク」と「報道されるリスク」もずれています。どのようにずれているのでしょうか。たとえば、実際にはすごく危ない状況であるにもかかわらず、それほど危なくないと報道したとしたら、後から批判を受けるでしょう。「あの時ちゃんと危ないということを教えておいてくれれば、こんな目に遭わずに済んだのに！」と思うわけです。一方、本当はちっとも危なくないのに、けっこう危ないので気をつけたほうがいいという報道をしたらどうでしょうか。もちろんこの場合も風評被害などの原因となるため、批判を浴びる可能性はあります。しかし、「危なくない」と報道したものの実は危なかった、という状況よりは、批判を浴びにくそうです。

天気予報は雨が降るリスクを報道しています。今日は雨は降りませんと予報したのに雨が降ってしまった場合は、干していた布団が濡れちゃったりして「どうしてくれるんだ！」と怒る人が多いでしょう。でも、雨が降ると予報したけれど降らなかった場合は、「おかげで一日傘を持ち歩いちゃったよ」と愚痴る人はいるかもしれませんが、雨が降った場合（布団が濡れちゃった場合）より文句の声は小さいはずです。

こういうことを書くと、「マスコミはいつも危機意識を煽《あお》ってばかりでけしからん」とか「誰かの陰謀じゃないのか」と批判する人もいます。でも、私はマスコミ批判をしているのではありません。マスコミの人たちは意図的に危機意識を煽ろうとしたり、どこかに黒幕がいて、その黒幕の陰謀にしたがって情報発信をしたりしているわけではなく、世間が求めているものを発信しているだけなのです。

マスコミにあるのは悪意ではなく、視聴率や発行部数を増やして利益を上げようという企業人として当たり前の経済感覚と、警鐘を鳴らすことで世間の人たちを危険から守ろうとする真っ当な使命感なのかもしれません。

平均的年収、平均的身長

「平均値」とは、ある数値について、全てを足しあわせて、数値の数で割った値です。

ご存知の方もいらっしゃるかもしれませんが、実は平均値の正しい理解は統計学の重要なテーマの一つで、意外と正しく理解されていないことがあります。理解を深めるために、身近な「身長」を例に、少し詳しく考えてみましょう。

たくさんの人を「背の順」で並べてみると、たとえば極端に背の高い人や低い人の数は、全体の人数から見るとあまり多くありません。逆に中ぐらいの人、平均的な身長の人はたくさんいます。

図1の上のグラフをご覧ください。横軸に身長、縦軸に人数を取って、たくさんの人のデ

図1　身長と収入の分布の違い

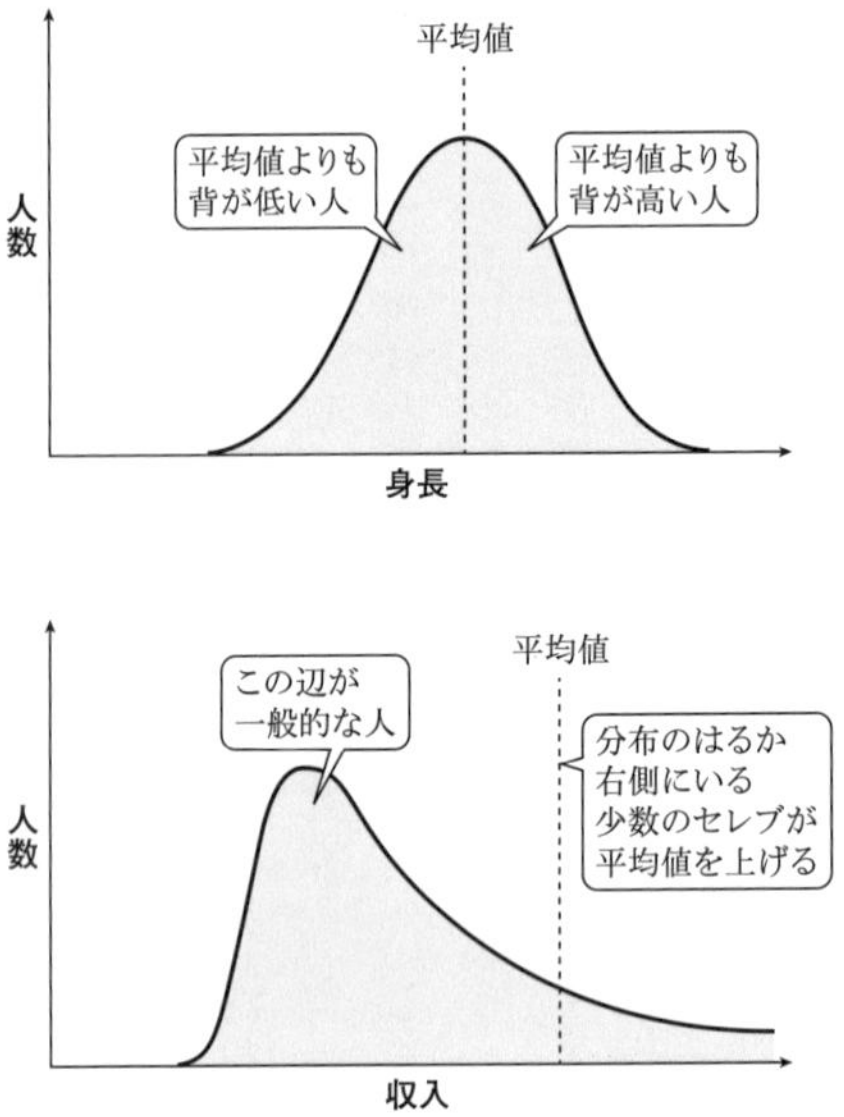

ータをグラフにしてみると、両側（背が低い、または背が高い）は低く、平均に近いまん中あたりが高い、ベルのような形になります（よく、釣り鐘型といわれていますが、お寺の釣り鐘は裾が広がっていません。英語のベルカーブを直訳しただけで、意味を正しく訳せていないと思います）。

さて、この分布の形は左右対称だったり、非対称だったりします。左右対称の場合は、ベルの一番高いところが平均値になり、平均値を挟んで、およそ半分の人が左側（背が低い方）に、残り半分の人が右側（背が高い方）に振り分けられます。分布が左にゆがんでいる場合は、半分以上の人が平均よりも左側に振り分けられることになり、分布が右側にゆがんでいる場合は、その逆になります。

身長など、自然界の数値は左右対称になることが多く、図1の下のグラフのように、収入など人間社会の数値はゆがんだ形が多く見られます。

たとえば、収入の分布が左にゆがむ原因は次のとおりです。

収入には上限がないので、ビル・ゲイツのような大富豪は、グラフの右側の遥か彼方《かなた》に位置します。でも、こういう大富豪はごく少数です。一方で、収入が少ない人は、その収入がゼロを下回ることがないので、左側に固まってしまいます。

身長も「長さ」の一種なので、収入と同様に理論的にはゼロを下回らず、上限がない数値です。しかし、現実的には三メートルを超える身長の人はほぼいないと思われますから、上限がある値だといえます。試しに「ビル・ゲイツ」「年収」というキーワードでググってみると五〇〇〇億円という数字が出てきました。同様にアメリカ人の平均年収をググると三五〇万円程度だと出てきます。この数字で考えた場合、ビル・ゲイツの年収は平均値の約一四万倍になることがわかります。

これを身長に当てはめてみましょう。仮に平均身長を一七〇センチだとすると、ビル・ゲイツの年収クラスの背の高い人の身長は二万四〇〇〇キロメートル。これは地球の直径の約二倍の長さです。こういう想像をしてみると、身長と収入で分布の形が全く違うことがわかります。

平均が心配を呼ぶ

さて、分布のイメージを思い描けるようになったところで、説明を次の段階に進めましょう。

私たちは普段、自分が平均より上なのか、下なのかが気になります。

たとえば、生まれた子どもが歩けるようになるまでの日数は、身長と同じように個人差があります。仮に分布が左右対称だったとしても、おおよそ半数のお子さんは平均よりも歩き始めるのが遅いことになります。平均値よりも早いか遅いかという基準で考えてしまうと、世の中の半数のお母さんは、「私の子は歩き始めるのが遅いみたいだけど大丈夫かしら……」と心配することになります。

ただ、分布が左右対称であれば、「心配することになる人」は全体の半数で済みます。しかし、年収のように分布がゆがんでいる場合は、心配することになる人の割合はさらに増えてしまいます。縦軸は人数を示していますから、山が一番高いところは一番人数が多い、つまり「普通の人たち」です。ビル・ゲイツのような大富豪が、平均値を右（収入の多い方）

に引っ張ることで、「普通の人たち」はみんな平均以下になります。そうすると、平均値より上か下かが気になるのであれば、普通の収入であるほとんどの人が、自分の収入の低さを心配することになります。

つまり、「平均値より上か下か」という思考スタイルは、私たちの少なくとも半数を心配にさせてしまうし、分布の形状によっては、半数よりもずっと多くの人を心配させることになるのです。

平均で心配しないために……

このような「平均マジック」によって心配しすぎないための方法をご紹介しましょう。まず、分布が左右対称の場合は、平均値だけではなく分布の幅、つまりベル型の曲線がどれくらいの幅で描かれるかを考えます。それから、どの範囲に入っていれば普通っぽい、といえるか考えましょう。たとえば先ほどの子どもの成長では、五パーセンタイル値から九五パーセンタイル値の範囲や、一〇パーセンタイル値から九〇パーセンタイル値の範囲が「普通っぽい値の範囲」としてよく使われます。この「パーセンタイル」とは、「一〇〇人中何番目か」という数字です。つまり、一〇〇人並べた時に五番目から九五番目（または一〇番目から九〇番目）に入っていれば普通だから心配ないですよ、という考えかたです。

母子手帳の成長曲線のページを見ていただくと、実線で描かれた平均値の両側に点線でこのパーセンタイル値が描かれています。これで心配する人の割合を、半分から一割に減らすことができました。

では、分布の形状が非対称の場合はどうすればよいでしょうか。平均値よりも中央値（順番が真ん中の人の値）や、最頻値（一番多くの人がいるところの値）を比較の基準にすることで、心配になる人を「大部分」から「半分以下」に減らせます。左右対称の時と同様にパーセンタイル値を使って、普通の範囲に入っているかを見るのも有効です。

さらに、比較する全体像を、自分に近い小さな集団にしてみてもいいでしょう。たとえば、日本人全員と比較するのではなく、同業者や同じ地域の人と比較してみると、別世界に住んでいるセレブと自分を比べて落ちこむといったことを回避できます。

サイレントマジョリティ

話のついでに「サイレントマジョリティ」という言葉を紹介しておきましょう（図2）。「サイレント」は「静かな」という意味、「マジョリティ」は「多数派」という意味です。

たとえば、ある商品にクレームをつけたり、逆に絶賛したりする人は、先ほどのデータでみると分布の端っこのほうの人です。平均的な大多数の人は特に何もいわずに黙っています。サイレントマジョリティとは、この「黙っている大多数の人」を指す言葉です。

図２　心配度／満足度とサイレントマジョリティ

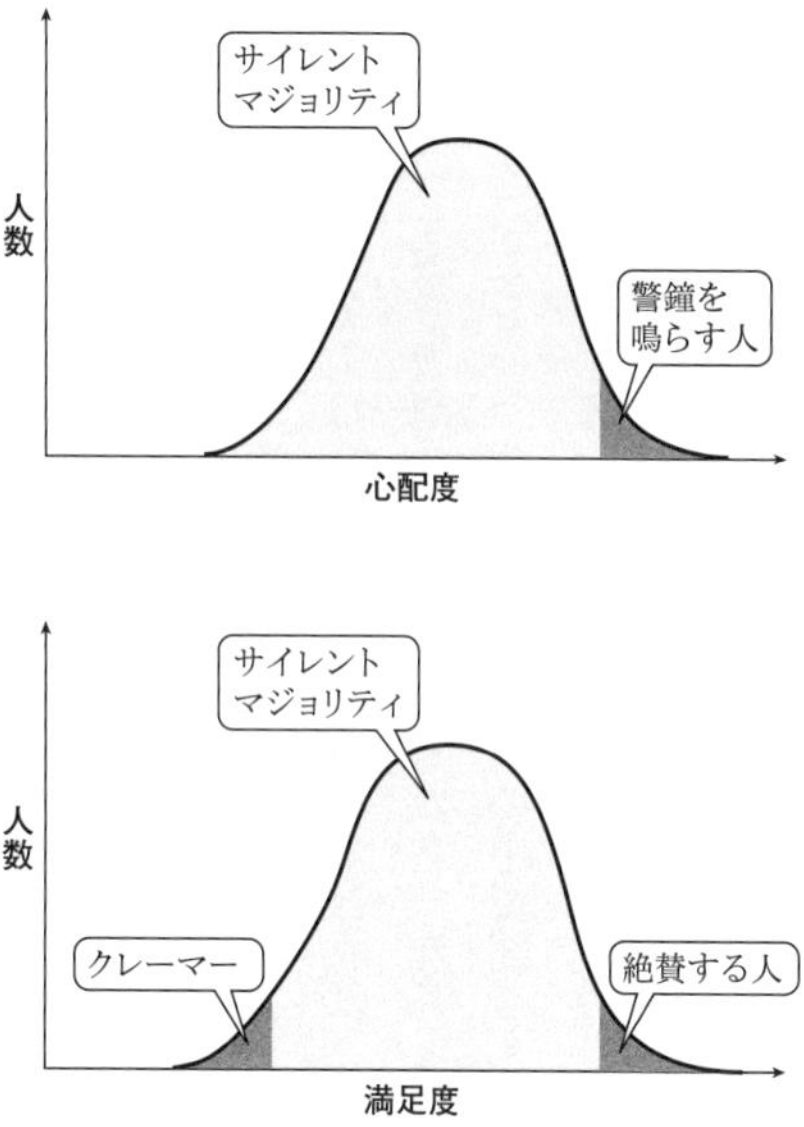

放射線でも食品添加物でも何でもいいのですが、何か心配な対象について、横軸が心配の程度、縦軸が人数で描いたのが図２の上のグラフです。

平均的な人の数が多くなるので、まん中が高くなります。右端にはものすごく心配な人、左端には全く心配していない人が少しずついます。ものすごく心配な人は、心の中が心配で満ちているわけですから、それを誰かにいいたくて仕方ありません。でも、まん中付近の大多数の人は、すごく心配でもないが、完全に安心しきってもいない、感情的にニュートラルに近い状態です。だから、わざわざ「すごく心配でもないし、安心でもない」ということを人にいおうとはしません。もちろん、安心しきっている人も同様です。わざわざ「すごく安心」だといわないだけでなく、そもそも他の人が心配している対象を意識することもないかもしれません。一方、極端に心配側に位置している人は、自分が声をあげなければ、心配が現実になり、自分や周りの人が不幸になってしまうと思っています。だから、なんとかして、世の中にわかってもらおうと声をあげます。こういった事情から、世の中で聞こえてくる声の大部分は、分布でいう右端の人の意見になってしまいます。

話が少しずれるかもしれませんが、商品開発などで意思決定をする場合は、このサイレントマジョリティを意識することが重要になります。分布の端のほうの人のよく聞こえる声に影響されがちですが、それは偏った意見である可能性があります。

たとえば以前、私の娘が通う保育園のお母さんたちの間で、名簿を作ろうという話になったところ、「個人情報を収集されることを嫌がる人がいるかもしれないからやめたほうがいいんじゃないか」という議論になりました。たしかに、個人情報のことをすごく気にしている人は「個人情報心配度」を横軸にしたグラフの右端に少しいるでしょう。そして、もちろんそういう人たちの権利も守られるべきなので、実際にそういう人がいた場合は、配慮が必要です。

しかしその時は、クラスの中で具体的に嫌がっている人がいたわけではありません。個人情報の話はいろいろなところで話題になっていて、その取扱についてクレームが出たり、提供を拒否したといった話を聞く機会は多いように思います。でも、これはサイレントマジョリティの意見ではありません。実際にクラスのお母さんたちに聞いてみると、口を揃えて「連絡先がわかったほうが、保育園以外で遊びに行くのにも便利だし、いざという時に何か頼めるかもしれないからいいよね」といいます。

たぶんこれがサイレントマジョリティの意見です。そして、こういう意見はこちらから聞かないといってくれなかったりもします。分布の端の人の意見も無視するべきではないと思いますが、サイレントマジョリティを意識しておかないと、一部の極端な意見に影響されて余計な心配をしてしまったり、多くの平均的な人が不利益を被る場合があるのです。

因果関係と相関関係

以前、「東大に合格した高校生の大部分は、毎日朝食を食べていた」という報道を見たことがあります。では、朝ごはんを食べれば東大に合格できるかといえば、おそらく答えはノーです。私たちは、「厄年にお祓《はら》いをしなかったら怪我をした」というように、ふたつのことが同時に起きると、関係を見つけようとする癖があります。

だからこの場合も、「朝ごはんをちゃんと食べていれば、日中頭に栄養が行くので、勉強がはかどるのかもしれない」と無理やり想像してしまいます。こういう効果もゼロではないかもしれませんが、朝食を摂っただけでは、受験に必要な知識が増えたり、理解力が増したりすることはありません。そして、東大に合格することは、頭に栄養が行くだけで実現できるほど簡単ではないはずです。

この場合、「朝食」が「東大合格」の原因ではなく、背後に「真面目な家庭環境」のような原因があって、「真面目な家庭環境」だから「朝ごはんを毎日食べる」という因果関係と、「真面目な家庭環境」だから勉強の習慣がつき「東大合格」できたというふたつの因果関係があると考えるほうが自然です。

この世は「値《あたい》」だらけ

因果関係という言葉を何の断りもなく使ってしまいましたが、因果関係と相関関係について少し説明しておきましょう。

世の中のできごとは、いろいろな「値《あたい》」を持っています。たとえば「身長」や「体重」も値ですし、「東大合格に必要な偏差値」も値です。この世界は値だらけなのですが、ある値（A）が、別の値（B）の原因になっている状態を、「因果関係がある」といいます。結果である値（B）には、値（A）以外にもいろいろな値が影響を与えていて、それぞれ影響が強かったり弱かったりします。

たとえば「毎日の摂取カロリー」という値は、「体重」という値の原因になっています。たくさん食べれば体重は重くなりますし、あまり食べなければ体重は軽くなります。他にも「運動量」「年齢」「生活様式」など、さまざまな値が体重に影響を与えていますので、それぞれが因果関係を持っているわけですが、摂取カロリーはその中でも影響の強い原因といえます。

一方、相関関係は、必ずしも原因と結果である必要はありません。相関関係とは、ひとつの値が大きくなればもう一方の値も連動して大きくなる（あるいは小さくなる）ようなことです。背が高ければ、その分体重も重くなるので、身長と体重の間には相関関係があります。しかし、身長と体重のどちらが原因で、どちらが結果なのかといった明確な関係はなく、見かけ上ふたつの数字が連動しているので、よく注意しないと「朝食」と「東大合格」のような勘違いが生まれるのです。

巨大地震と鼻血

世の中はとても複雑なので、ある原因がひとつの結果にだけ影響を与えるという関係は稀《まれ》です。また、見かけ上は相関関係があったとしても、他の原因のほうが強い影響を与えている場合もあります。たとえば「東大合格」に影響を与えていそうな原因としてざっと思いつくだけでも、「遺伝的要素」「勉強の方法や環境」「勉強に費した時間」「本人のモチベーション」「自分に合った指導者や参考書に出会えたかどうか」「受験当日の体調や緊張度合い」「出題に対してヤマカンが当たったかどうか」「たまたま当てずっぽうで書いた答えが当たっていたかどうか」などなど、さまざまなものがあります。だから、東大に受かった秘訣は何かと聞かれても、当の本人もなかなか答えられません。「東大生はこうやって勉強している」といったコピーが世の中には溢れていますが、必ずしもその勉強法によって東大合格できたのかどうかは、よくわからないのです。

この因果関係と相関関係の混同は、心配の原因にもなっています。また逆に、心配しているから、相関関係のデータを見て、因果関係だと思い込んでしまう場合もあります。

たとえば二〇一四年、『美味しんぼ』という漫画で、福島第一原子力発電所周辺の人たちが頻繁に鼻血を出しているという描写が物議をかもしました。仮に、本当に福島の方の鼻血が出る率が他より高いとして、きっかけは「巨大地震」、結果は「鼻血」です。問題は、このきっかけと結果の間に何が入るかになります。もちろん「原子力発電所が壊れて放射性物質が漏れだし、放射線の被曝量が増加した」という解釈も成り立ちます。

でも、こんな解釈はできないでしょうか。「津波によって町や身近な人が流されて、強い精神的ストレスに晒《さら》された」「住宅環境や衛生状態が悪化し、身体的ストレスに晒された」「職を失い、収入が減ったために栄養状態が悪化した」「外で運動する機会が減少して健康を害した」などなど。

こうしてみると、きっかけと結果の間に入りそうなものは、放射線の被曝量の他にもたくさんあることがわかります。巨大地震という大きなできごとの直後に、いろいろなことが一気に起きたので、その間に相関関係が見られるのは当然です。もちろん、放射線と鼻血の因果関係が「ない」と直ちに言い切ることは危険ですが、相関関係があるからといって、原因と結果をひとつに絞るのは、ちょっと早とちりなのかもしれません。

実験心理学の手法

私は実験心理学が専門なので、実験屋がこういう時にどうするかという話もしておきましょう。現実世界は、「東大合格」の例のようにいろいろな原因が絡み合っています。これに対する実験屋の典型的な対処法は、次のようなものです。

まず、実験の対象のグループをふたつに分け、自分がこれだろうと狙った原因だけを変えます。たとえば一方の群には朝ごはんを毎日食べさせ、もう一方の群には朝ごはんを食べさせない環境を作るのです。一方で、朝ごはん以外の条件はできる限り同じにします。たとえば、遺伝的な要因は、一卵性双生児を対象にすることで同じ条件にすることができます。このほかにも、勉強時間・方法、勉強以外の生活も含め、なるべく同じになるようにします。揃えることができない部分は、対象を無作為に選んで、その数を増やすことで相殺します。その上で東大合格率が変わるかどうかを調べてみると、本当に朝ごはんが原因だったかがわかります。

――と、いま東大合格の話を書きましたが、もちろんこれは架空の話です。人間を対象とした実験で、長期にわたって特定の環境を提供することは極めて困難ですし、受験のように、個人の人生に重大な影響をあたえる実験は倫理的にも許されません。

東大と朝ごはんについての実験はできませんが、たとえばラットを使って有害物質を調べる実験は、先ほど書いたような方法で行われています。こんなややこしいことをして初めて、因果関係がなんとなくわかるのです。だから、相関関係があるからといって直ちに心配せずに、本当にそれが因果関係なのかを注意深く見極める必要があるのです。

「人災だ！」の心理

災害が起きた時によく「これは人災だ！」という人がいます。たしかに、もうちょっとうまくやっていれば被害はもっと小規模で済んだだろうなあ、という災害は少なくありません。災害には「これぐらいの被害が出るのは致し方ないだろう」というものから「明らかに管理者や行政の怠慢のせいで被害が拡大したもの」まで、程度の幅があります。だから「人災だ！」と批判されて当然の時もありそうですが、それほどでもない場合でも「人災だ！」という声が聞こえてくるように思えます。

ではなぜ私たちは「人災だ！」と思いたがるのでしょうか。

人災と天災を比べてみましょう。人災は人のせいなので、管理者や行政がちゃんとしていれば、被害をより小さくすることができます。つまり、世論の「人災だ！　改善せよ！」という声で管理者や行政の怠慢が解消されれば、同じような災害が来ても被害を小さくできます。一方、天災は人の力ではどうしようもないので、同じような災害が来た場合も、また同じような被害が出そうですし、防ぎにくそうです。

さて、どちらが心配になりますすか。私たちは、対処できない天災よりも、対処できそうな人災の方が心配しないで済むのです。ですから、「人災だ！」と叫ぶことで、「対処できる！」と安心したいのかもしれません。

「人災だ！」といいたがる理由はもうひとつあります。

災害によって被害を受けた人は、損害を被っています。人災には責任者や責任を負うべき組織がありますので、ひょっとすると、責任者が損害を補填《ほてん》してくれるかもしれません。しかし、天災を起こした自然が損害を補填してくれることはありません。

さらに、こんな背景もあります。災害が起きた時に、「責任者でいられた人」と「責任者になれなかった人」がいます。政治の世界では前者を与党、後者を野党と呼んでいますが、同じような関係は企業などさまざまな組織にもあるはずです。そうすると、責任者になれなかった人は、「自分がもし責任者だったら、きっともっとうまくやれたはずだ。だから自分を責任者にしてくれ」といいたがります。

人災といいたがる仕組みは、心理学的にも説明されています。私たちはいま現在知っていることをずっと昔から知っていたと錯覚する性質を持っており、これを「後知恵バイアス」と呼んでいます。災害発生前には誰も予想していなかったことが、災害発生後、誰もが知っている事実になります。そうすると、自分も予想できていなかったのに、予想できていたような気がしてしまいます。そして、「それぐらい予想できて当然だろ」という批判が生まれるのです。

「政治家は悪いことをしてそうだ……」

政治家の方には申し訳ありませんが、政治家は世の中の人からあまり信用されない職業のひとつかもしれません。この原因は、政治家個人というより、政治家という職業が持つ特徴にあるのかもしれません。政治とは何かを決定したり、実行したりする作業です。たとえば、ある公共事業をやるかどうか決定する場合、あるいは、その公共事業をどの会社に頼むかを決定する場合には、「得をする人」と「損をする人」がでてきます。どちらも、自分に不利な決定を下されては困るので、政治家に取り入ろうとします。それ以前に、政治家本人も、この得をする側、損をする側のどちらかだったりして、そうなると「口裏合わせ」「騙し合い」「裏切り」「贈収賄」「接待」などいろいろなことが起こりそうな気がします。ここでは、実際に起こっているかどうかではなく、「そういうことが起きそうだな」と世の中の人が想像しているということが重要です。

ここで、たとえば原子力発電所建設とか、予防接種の義務化などの動きがあると、「ひょっとして原子力発電所の建設が決まると政治家が儲かるんじゃないか」とか「予防接種を義務付けると政治家が儲かるんじゃないか」とか思われたりします。実際に儲かるかどうかはさておき、「儲かるのかもしれない」と思われると、新たな疑念が湧いてきます。

それは、「実はけっこう危ないことなのに、儲けたいから危ないことを隠しているのではないか」という疑念です。これも真偽のほどはさておき、そういうことが起きそうだ、と思われていることがポイントです。そして、仮に危ないことを隠して何かを決定しているのかもしれない、といったん思えば、自分がその被害に遭うのではないかと心配になるわけです。

こう考えてみると、心配するかどうか、リスクを感じるかどうかは、何かを委ねる相手を信頼できるかどうかにかかってくるともいえるわけです。

「科学者はなんだか小難しい……」

世の中のできごとや物質などが「どのくらい危ないか」を調べるのは、主に科学者の仕事です。だから科学者は、そのできごとや物質などが本当に心配しなければいけないものなのか、一番よく知っていそうです。

でも、科学者もいまいち信用されていない部分があります。科学者は、科学的真実を追究するのが仕事ですから、政治家よりは嘘をつく可能性は低そうだと思われているかもしれません。しかし、たとえば、研究機関や大学に政府から予算が出ていることはよく知られていますし、政治家の決定に楯突くと立場が危なくなる科学者もいるんじゃないかな、ということも想像できます。また、科学者は真実を知りたいという欲求が強く、そのために敢えて危ない人体実験などをやっているんじゃないの、というイメージも持たれていそうです。これも、事実かどうかではなく、そういうことを思われているということがポイントです。

科学者が信頼されないもう一つの原因は、いっていることが「小難しい」からかもしれません。これは先ほどの政治家同様、科学者という職業が持つ特徴のせいです。科学者は真実を追究しているので、科学的な情報の伝達には、間違いがあってはいけません。したがって、科学者は極力誤解の生まれない表現をする癖があります。

また、科学の世界で大切にされている「論文」という文章は、なぜか平易な表現を嫌います。いまここで文章を書いていても「平易な表現を嫌う」などという小難しい表現を使ってしまう自分に幻滅してしまいますが、とにかく科学者は小難しい表現に慣れています。相手に誤解を与えないために、主観的表現も嫌います。たとえば科学者は、「とても危険」とか「かなり安全」とかいう表現をしたがりません。それは「とても」や「かなり」の基準が、人によって異なるからです。さらに、危険であるとか、安全であるということも人によって許容できる基準が違いますので、誤解を与えないためには、客観的に〇%とか、〇分の一といった具体的な数値を伝えるべきだと思いこんでいます。

しかし、これはあくまで「科学者同士」の情報伝達における話です。具体的な数値を聞いたのが科学者であれば、それが他のリスクと比べた場合の危険性や、馴染みのない単位（シーベルトとか）の意味を調べることができます。数値によって情報を正確に伝えることができ、情報を発信した科学者に対しても「客観的な事実をいう誠実な科学者だ」という印象を持つのですが、聞く側が「一般の人」になると話はずいぶん違ってきます。

まず、「かなり」とか「絶対」とか「大丈夫」とか主観的で人間的な表現を使わない科学者は、冷たい人のような印象を与えます。それから、よかれと思って発信した正確な数値や専門的な単位も、一般の人にとっては慣れていないもので、正確に伝わらないどころか、「こいつ、なんか小難しいことといって煙《けむ》に巻こうとしていないか？」とか「どうせ私たち一般人には理解できないと思って、難しいことをいってごまかしているんだわ」という印象を与えてしまうかもしれません。

科学者の周囲には科学者が多く、「科学者語」の理解力が高い人ばかりです。科学者は普段そういう人たちとしか話をしないので、科学者語で情報発信をすれば、みんなに誤解なく伝わるはずだ、と勘違いしがちです。そして科学者は、「イメージ」とか「フィーリング」による情報伝達を信じていません。

政治家にせよ科学者にせよ、一般の人から見ると、ちょっと縁遠い世界の人たちです。私たちは身近な人ほど信頼しやすいという傾向があります。政治家や科学者が普段どんな仕事をしていて、どんな言葉を話すのかなどのイメージが湧きにくく、どうも信用できないと思われがちなのです。

定量的な評価が苦手

世の中にあるものは、数字に変えられるいろいろな性質を持っています。たとえば、私が昨日買ったもやしは「二七円」という「値段」の「値」を持っています。私は「一六七・五センチ」という「身長」の「値」を持っています。数字に直して、同じモノサシの上に並べてみると、あっちのスーパーのもやしのほうが安いとか、あの人のほうが私よりも背が高い、ということがわかります。そして、このように「定量的」であることのポイントは、単に安いとか高いというだけではなく、その違いが、ほんの少しなのか、とても大きいのかを数字で客観的に評価できる点にあります（「定量的」は、簡単にいうと「何かの性質を数字にして、その数字をモノサシの上に置くこと」とでもいっておきましょうか）。

リスクで問題になっている「確率」をみると、「一万分の一」は「一〇〇万分の一の一〇〇倍」というように、数字としての性質が使える定量的な情報です。ですから、同じモノサシの上に並べて比較して、どちらがどのくらい危ないか、という評価ができるのです。しかし、どうも私たちは、リスクに関する定量的な評価が苦手なようです。

私は料理が好きなのでよくスーパーで買い物をします。あっちのスーパーのほうがもやしが一円安い、とか、いやいや、こっちの朝市は五円引きシール配ってるよ、といった、金額の定量的な評価をよくしています。みなさんも、お金のやり取りはしょっちゅうしているので、非常に身近で数字の評価にも慣れているはずです。お金は使えばなくなっちゃうとか、ちょっとずつ節約して貯めていけば年に一回海外旅行に出かけられるといった感覚もわかっています。

一方、リスクに関する数字はあまり身近ではありません。一〇〇万円といわれれば、それで何が買えて何ができるのかのイメージが湧きやすいですが、一〇〇万分の一といわれても、その数字の意味が直感的にわかりません。そして、確率が小さいために直接経験できる人もほとんどいませんし、お金のやり取りのように毎日経験することもできません。だから、確率がすごく小さいことはわかるのですが、心配しなければいけないのか、それとも無視していいのかがよくわかりません。そこで結局「リスクがあるかないか」という大雑把《おおざっぱ》な議論になってしまうのです。

飛行機は落ちる。宝くじは当たる

私たちが感じるリスクの幅は、現実のリスクの幅よりも少し狭いことが知られています。

つまり、リスクが比較的高い喫煙や交通事故などに対しては、実際よりも低めに、リスクが比較的低い飛行機事故のようなものに対しては、実際よりも高めに感じる性質があるようです。

この傾向はリスクに限ったことではありません。たとえば宝くじなども、なんとなく当たるような気になることがあります。これにはさまざまな理由が考えられますが、一〇万分の一とか一〇〇万分の一といった数字が、小さすぎて具体的にイメージしづらいという問題がありそうです。東京ドームには五万人ほどの人が入れるそうですが、私たちが全体像を見渡すことができるのは、このぐらいが上限でしょう。だから一〇〇万人とか一億人とかいわれても、直感的にイメージできません。

また、小さすぎる数字は私たちに与える影響があまりないので、普段そんなに気にしません。一ミリの倍は二ミリですが、その違いはしっかり見ないとわかりません。一万円の支払いが二万円になったら、ずいぶんぼったくられたな、と感じますが、一円が二円になっても、あまり気にならないことでしょう。

性能が上がると心配が増える

コンピュータは日々進化を続けています。一〇年前に一〇億円ぐらいしていた処理能力のコンピュータが、今では一〇万円ほどで手に入るようになっています。同じように、顕微鏡はより小さなものが見えるように、望遠鏡はより遠くのものが見えるようになってきました。そして、有害物質などを検出する機械も日々進化を続け、いままで検出できなかった微量の物質が検出できるようになっています。機器の性能が向上する前は「含まれていない」ことになっていた物質が、検出技術の向上によって「微量だが含まれている」ことになってしまったのです。

正確には、昔から含まれていたけれども見つけられなかった、というべきなのですが、情報を受け取る側はそういう見かたをしません。

先ほど書いたように私たちは定量的評価が苦手なので、含まれていること自体を問題にしようとして、それがどのくらいの量なのか、その数値がどんな意味を持っているか、ということはあまり考えません。一〇円だろうが一円だろうが、お金を払っていることに変わりはないだろう、という考えかたをしてしまうのです。

なぜ科学者は歯切れが悪いのか

科学者は多くの場合、歯切れの悪い言いかたをします。

たとえば「あり得ないことではない」とか「可能性がゼロではない」とか。

なぜなら彼らは「真実」を探求しているので、一〇〇%確実なことでないと「絶対」ということができません。たとえば「宇宙人がいる」ということは、宇宙人を連れてくれば証明できます。目の前に宇宙人がいれば「宇宙人は絶対いる」と言い切ることができます。

では、「宇宙人がいない」ということを証明するにはどうすればよいでしょうか。

現在までに宇宙人は見つかっていませんが、それは宇宙人がいないことの証拠にはなりません。宇宙人がいないことを証明するためには、宇宙全部の宇宙人がいる可能性のある星をくまなく探して、どこにもいないということをたしかめなければなりません。

リスクに関する情報も、宇宙人がいないことの証明によく似ています。どんなに可能性が小さくても、可能性がゼロでない以上は「絶対に大丈夫」などとはいえないのが科学者なのです。

これに対して、たとえば「飛行機の機長」は非常に歯切れがよい言いかたをします。

飛行機が揺れる場合に、「当機は気流の乱れたところを飛行するため揺れが予想されますが、飛行の安全にはまったく影響はございませんので、どうぞご安心ください」というような機内アナウンスが流れることがあります。私は、いつもあれを聞いて「嘘だ～」と思ってしまいます。

科学者的なセンスから考えると、気流の乱れは、飛行の安全に少しは影響を与えるはずです。たぶん、現代の大型ジェット機にとっては、その影響は極めて小さいはずですが、気流が乱れたところと、気流が安定したところのリスクが同じであるはずはありませんから、もし科学者が機長だったら「飛行の安全に影響はありますが、その影響は極めて限定的で、無視してよいぐらい小さなものです」と、正しく表現してしまうのです。しかし、乗客として、信頼できて安心できるのは、どう考えても科学者っぽくない機長のほうです。

「絶対」といえない人たち

もうひとつ科学者の特徴を書いておきましょう。これは科学者に限らず、「世間に名前を知られている人」という意味では、芸能人とかコメンテーターとかニュースキャスターも同じかもしれませんが、こういう人は発言に責任が伴います。

たとえば、友達同士の井戸端会議の内容は、いつ誰が発言したのか記録されていませんし、その場に居合わせた人の記憶も時間がたてば薄れていきます。何かおかしなことをいってしまっても、「え？　俺そんなこといったっけ？」とごまかしたり、なかったことにできそうです。

ところが名前を知られている人の発言は、テレビで放送されていたり、新聞に載ったり、論文になったりするので、記録が残ります。誰の発言だったかも明らかです。専門家ではない一般の人の場合は、たとえ発言内容が間違っていても影響はあまり大きくならないし、批判されたとしても「俺、専門家じゃないし。信用するほうが悪いんじゃない？」といえます。一方、専門家の発言は、普通の人の発言よりも信用されます。したがって、その発言に基づいて何か行動を起こす人も出てきます。そうするとその影響は大きく、間違っていた時の批判も大きくなります。そして名前を知られている人たちは、自分の発言の影響力を知っています。だからますます「絶対」などといえないのです。

しかし、一般の人が科学者に求めているのは「絶対に大丈夫」とか「ヤバいのですぐに食べるのをやめるべきだ」とかいったはっきりとした判断です。

リスクの定量的な評価ではなく、リスクがあるのか、ないのかを知りたいのです。

つまり、「飛行の安全にはまったく影響はない」という機長のような発言です。そして、一般の人は、科学者のことを「頭のいい人たち」だと思っています。したがって自分たちよりも頭のいい人たちに、自分たちの行動の指針を示してほしいのですが、科学者はどうも歯切れが悪い。これが科学者が信頼されない、そして科学者の発言が人々を心配にさせてしまう所以《ゆえん》なのかもしれません。

科学者の頭の中を覗いてみると

余談ですが、私も含めた理屈っぽい科学者がどのような思考をたどるか、直前の一文で説明してみましょう。

少し前に私は、

一般の人は、科学者のことを「頭のいい人たち」だと思っています。

と書きました。このたった三一文字の文を書くだけでも、次のような小難しいことを考えています。

まず、「一般の人」の定義は何だろうか。

そして、彼らは本当に科学者のことを頭がいいと考えているのだろうか。

仮に、学力というモノサシで考えて、「平均値プラスマイナス標準偏差（つまり偏差値で四〇～六〇）の人」を「一般の人」と定義すれば、ほとんどの科学者は偏差値六〇を超えていそうだから、客観的には科学者は一般の人より頭がいいといっていいかもしれない。

しかし、待てよ、頭がいいとはどういうことだろうか。

それは入試の時の偏差値に代表させていいものなのだろうか。

この点は非常に難しい問題なので議論は避けるとして、本当に一般の人は科学者を頭がいいと考えているのだろうか。

多くの人はそうかもしれないが、例外もいるはずだ。

だとすると、「だと思っています」と断定するのはどうだろうか。

これを読んで、「いや、俺はそう思ってねえよ」などの反発を感じる人はいないだろうか。

そのことを考えると「一般の人の大部分は」という表現にするか、あるいは「一部の例外を除いて」のような表現を追加しておくべきだろうか。

いや、よく考えてみたら、この項では科学者のそういう面倒くさいところの解説をしていたはずだから、自分がここでこんなややこしい表現をするべきではないだろう。

とかなんとか、小難しいことを考えて、ようやく先ほどの表現に落ち着いたのです。自分で書いてても「ばっかみたい」と思いますが、これが科学者の頭の中です。相当こじれてますよね。そして自分でいうのもなんですが、私はこれでも科学者の中でもかなりいい加減なほうなので、もっとこじれちゃっている人がたくさんいる気がします。科学者の頭の中の一端を覗いていただき、歯切れが悪い理由をご理解いただけましたでしょうか。

赤ちゃんとデートと試行錯誤

私たちは、目の前にあるものがペンであるとか、ちょっと手を伸ばせばそのペンに届きそうだとかいった具合に、自分の周りにあるものや、いま何が起きているのかを知ることができます。

このような働きを「認知」と呼んでいますが、そもそも私たちはなぜ世界を認知できるのでしょうか。

図3　赤ちゃんの試行錯誤

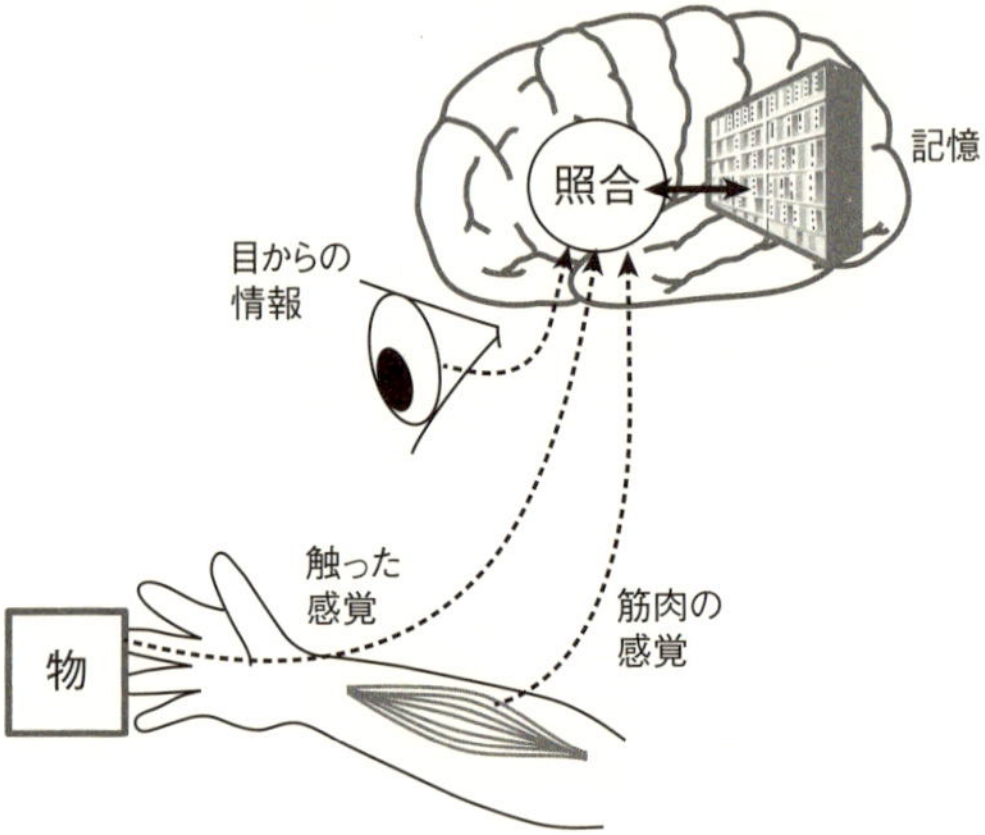

たとえば、私たちの眼球には前側にレンズがついていて、内側の後ろのほうに網膜と呼ばれる光を感じる細胞の膜があります。目の前にあるペンは、太陽や電灯の光を反射しているので、その光のパターンがレンズを通って網膜に映ります。この網膜上の光の情報は神経細胞を通って脳に送られます。私たちは何気なく、周囲のどこに何があるかを見たものから把握していますが、実は、この対応関係は生まれた時から脳にインプットされているのではなく、経験の中から獲得されたものなのです。

生まれたばかりの赤ちゃんの目には、自分の手も、その先にあるオモチャも映っていますが、脳はまっさらな状態なので、視細胞から脳に送られてくる信号の意味を理解できません。

つまり目に何が映っているのかがわからないのです。

わかるようになるために、赤ちゃんは試行錯誤を繰り返します（図3）。手を伸ばして何かに触れた時には、手の神経からも触った感覚が脳に送られます。また、手の筋肉からもどのように力が入っていて、手がどういう状態なのか、その感覚が脳に送られます。こういった複合的な刺激が脳に伝わる状態で、繰り返し手を伸ばして何かに触れていると、だんだん目に映った、「肌色」で「棒状」の「先端が五本に分かれている物体」が、自分の身体の一部で、どれくらいの長さがあるのかがわかるようになっていきます。また、どのような見た目のものが触れると硬いのか、冷たいのか、ザラッとしているのかといった感覚もわかるようになっていきます。自分の手を操る場合も同様で、どのくらいの信号を送れば手がどの程度動くとか、どっちに動くとか、だんだん対応関係をつかんでいくことで自在に手足を操れるようになるのです。

赤ちゃんがモノをつかめるようになる過程ほどダイナミックではないかもしれませんが、大人も似たような試行錯誤を繰り返しています。

デートの時にこういう話をしたら受けがよかったとか、こういう行動をしたら引かれたということを繰り返しながら、だんだんと気が利いたデートを演出できるようになっていきます。私たちがこういったことが実現できるのは、脳の中に膨大な量の過去の経験が蓄積されているからなのです。

経験や知識が認知を歪める

少し前置きが長くなりましたが、私たちは過去の経験と目の前にあるものを照らし合わせることで「あ、この人はどっかで見たことある人だな」とか「そろそろ水戸黄門が印籠を出す頃だな」といったことがわかるようになるわけです。

しかし、経験は未来をなんとなく予測するのには役立ちますが、未来が例外的であった場合には予測を見誤る原因にもなってしまいます。

図4（上）は、非常に有名な錯視図形です。

上の図形と下の図形の中央の線の長さは同じなのですが、上は短く、下は長く見えるはずです。「ホントだ、すご〜い」と思われるかもしれませんが、このように見える理由はあまり知られていないので、順を追って説明しましょう。

図4（下）は、箱を外から見たものと、同じ箱を内側から見たものです。

図4　外側から見ると……内側から見ると……

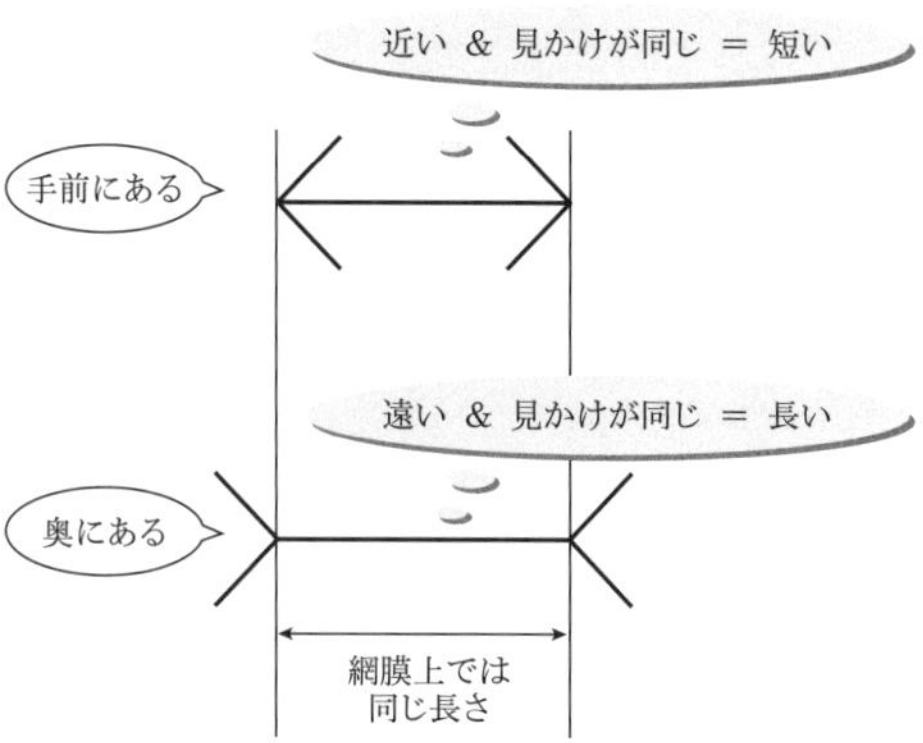

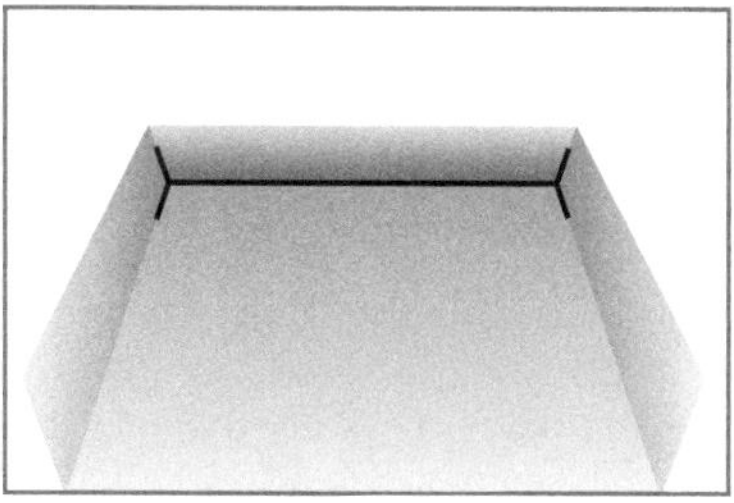

ここに、図4（上）と同じ図形が現れています。私たちは四角いものに囲まれて生活しているので、図4（上）の図形も無意識のうちに、四角いものを外側から見ているとか、内側から見ていると感じています。そして、外側から見ている図形の横線は手前に、内側から見ている図形の横線は奥にあると感じます。ここにも、過去の経験による影響があります。

両方の図形の横線は、網膜上では同じ長さに見えています。ここで脳が勘違いするのです。上の図形の横線は手前（近く）にあるのに、奥（遠く）にある横線と同じ長さに見えているということは、上の図形は小さいもの（つまり横線は短い）のはずです。同様に、下の図形は遠くにあるのに上の図形と同じ長さに見えているので、大きいもの（つまり横線は長い）であるはずです。

同じ紙の上に描かれているにもかかわらず、私たちの脳は、過去のデータベースと照らしあわせてこの図形に勝手に「奥行き」を感じ、長さを勘違いするわけです。斜めの線を隠すと二本の線が同じ長さに見えるのは、「奥行き」を感じる情報がなくなるからです。

このように、経験のせいで勘違いする現象は、身近なところで日常的に起きています。図5を見てください。

私たちは図表5（左）の左にあるような靴をいつも見ているので、経験的に「足が折れ曲

図5　この女性の足首はどこにある?

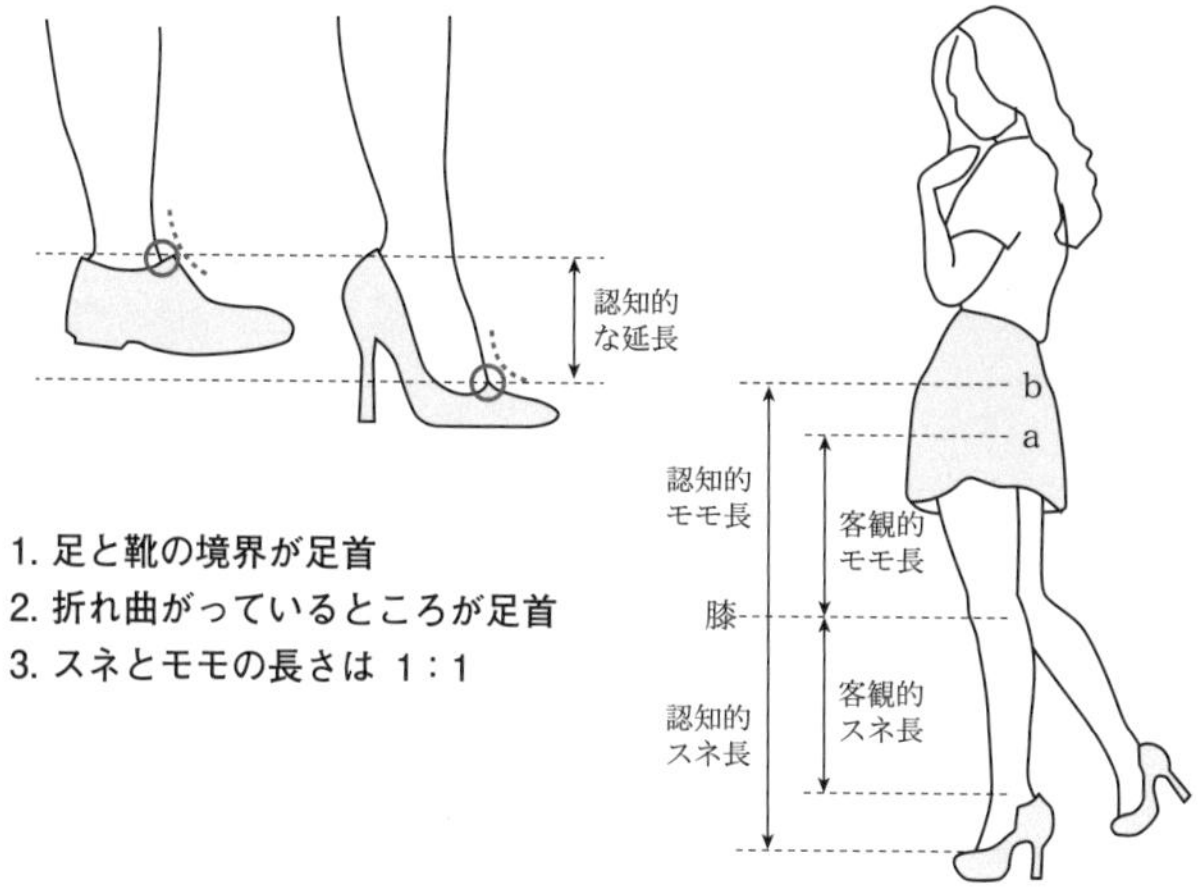

がっているところが足首だ」とか「靴と足の境目が足首だ」と無意識に思っています。

そこで図5（左）の右にあるような靴を見るとどうなるでしょうか。

この靴は、かかと部分を延長することによって、足が折れ曲がる位置を下げることに成功し、加えて、靴と足の境界線も下方にずれるように、靴の甲の部分を大きく開けたデザインになっています。これによって、私たちは、図中の○の部分が「足首」だと勘違いしてしまうのです。

足首の位置を勘違いすると、さらにおもしろいことが起こります。

私たちは経験的に、スネとモモの長さがおおむね同じであることを知っています。

では、図5（右）を見て下さい。本当のモモの長さは、図中のａのあたりまでのはずです。しかし、スネとモモは一対一だということも知っており、スネの長さと膝の位置が見えています。すると、モモの長さはｂのあたりまでだろうと、経験から勝手に想像してしまうのです。こういった錯覚を発生させるためには、スカートの丈も重要です。スネの長さを勘違いさせるためにも、膝の位置を見せる必要があり、モモの付け根の位置がわからないようにしなければなりません。女性は、こういった認知心理学的な人間の特性を巧みに利用してスタイルをよく見せようとしているのであって、「ミニスカートを穿《は》いている女はパンツを見せたいんだ」とかいってるオッサンが、いかに勘違いしているのかがわかります。

ハイヒールと認知

さて、ハイヒールの話を長々としてきたのは、私がハイヒール好きというだけの理由ではありません。

私たちは、経験によって目の前のできごとを判断するので、リスクについても経験が邪魔をして、ちょっとした認知のずれが生じます。いったん生じたずれは、ヒールで延長したスネが脚全体をうんと長く見せたように、増幅されていることもあります。報道の頻度と実際に発生している件数は比例せず、むしろ滅多に起きないことがメディアに露出していることはすでに書きました。

このように、「メディアで頻繁に見るということは、頻繁に起きているのだろう」と心配してしまう背景にも、私たちの経験が関係しています。

私たちは子ども時代に多くの経験を獲得しています。そして子どもの頃の世界は、大人の世界に比べて、直接自分で経験する情報が多いのです。

次のような例を考えてみましょう。

私たちは小学生の頃から転んで足をすりむいたり、顔にボールが当たったり、授業中に鼻血が出たりと、何らかの不幸なできごとに見舞われてきました。こういった経験を通じて私たちは、リスクの感覚を養ってきたともいえます。

一クラス三〇人だったとして、三日に一回、誰かが転んで足をすりむいているとしたら、一人の子どもが足をすりむく確率はおおむね九〇日に一回になります。つまり、クラスメイトが足をすりむくのを目撃するのは三日に一回、自分が足をすりむくのは三カ月に一回ということです。隣のクラスでもこの確率は大して変わらないはずですから、「隣のクラスの○○ちゃんが今日コケて保健室に行ったよ」という話を聞くのも一クラスあたり三日に一回ほどになるでしょう。隣のクラスの誰かがコケて保健室に行ったということも、ある種のニュースだといえますから、子どもの頃は、自分が経験する確率や、自分の周囲で起きるできごとの確率のつじつまがなんとなく合っていたはずです。

そして、こういった経験の繰り返しは、「見たことの頻度」と「世の中で起きていることの頻度」がだいたい同じだという仮説を、私たちの頭の中に植えつけます。しかし、子どもから大人になるにしたがって、知っておくべきことはだんだん増えていきます。そうなると、自分自身が経験した直接的な情報より、他人を経由した間接的な情報のほうが多くなります。

報道で世の中のできごとを知ることは、典型的な間接的情報取得です。間接的情報は、中継する人によって取捨選択されており、情報の頻度と実際の発生頻度にはずれがあります。しかし、私たちの多くはそのことに気づかず、ニュースを見て「最近殺人が多いわねえ」などと思ってしまうのです。

いつも論理的な人なんていない

私たちは日々、物事を客観的に捉え、論理的・理性的に判断しているような気になっています。

たしかに私たちが考えていることのほんの一部は、客観的で理論的で理性的なのかもしれません。でも、残りの大部分は感情的・直感的な判断に頼っているというのが事実です。

私は科学者の端くれですから、一応自分の専門分野のことに関しては論理的に考え、理論的に、理性的に情報処理をしていると自負しています。

しかし、この手の思考は、私の思考全体のほんの一部なのです。

専門的で小難しいことを仕事として考えている時以外は、「この居酒屋、ちょっといい雰囲気だなあ」とか「さっきすれ違った女の人がすごくステキだったなあ」という具合に、直感的に物事を捉えています。

また、寅さんを見て泣いたり、子どもが歩き始めたことに感激したり、なかなか終わらない会議にイライラしたり、夜中にトイレの花子さんを思い出してこわくなったりもします。

つまり、しょっちゅう感情的・直感的になっているのです。

みなさんも、たとえば「今日のお昼は何食べようかな……」などといったことは、ほとんど気分や直感に任せているのではないでしょうか。

なぜ自分を論理的だと「勘違い」するのか

客観的・論理的・理性的な思考は、脳の外側のほうで行われています。一方、感情的・直感的な処理は、脳の中心に近いほうで行われています。感情的な部分、つまり、心配とか不安とかこわいといった感覚や、その逆の安心感などは、どちらかというと脳の中心の担当です。

脳の進化の歴史を紐解いてみると、脳は外に向かって増築を繰り返してきたことがわかります。つまり、感情的、直感的である脳の中心は、論理的で理性的である脳の外側よりもずっと「先輩」なのです。先輩である感情的・直感的処理は無意識的に行われ、考える労力が小さく、ずっと高速です。一方、論理的・理性的な処理は意識的に行われ、労力が大きく、低速です。

私たちの「意識」の大部分は脳の外側にあります。だから、「意識」が、自分が脳の中心にある「直感」や「感情」に支配されているとは気づきにくいのです。したがって、私たちは自分を、客観的で、論理的で、理性的だと勘違いしてしまうのです。

二〇一四年に起こった、小保方晴子さんとＳＴＡＰ細胞の騒動を例に考えてみましょう。

あの事件は、結果的に「ＳＴＡＰ細胞は、あります」といっていた小保方さんが（意図的であったかどうかはわかりませんが）間違っていて、理化学研究所の偉い人たちが正しかった、という結末になりました。

この騒動の渦中、小保方さんの記者会見がテレビ中継されました。小保方さんは、切々と涙ながらに、いってみれば感情に訴える方法で会見を行いました。この会見スタイルの良し悪し（意図的だったか、悪意があったかなど）について議論するつもりはありません。ただ、私を含め、この会見を見た多くの人たちは、なんとなく「嘘ついてる気がしないなあ」とか「かわいそうだなあ」といった印象を受けていたように思います。

一方、理研の偉い人たちも会見を行いましたが、感情を前面に出さず、理路整然と事実を述べるスタイルでした。典型的な科学者っぽいやり方です。

専門知識があり、内容を理解できた一部の人を除いて、「よくわからないけど、きっとこのオジサンたちが寄ってたかって若い女の子をいじめたんじゃないかなあ」なんて印象を持った方はいませんでしたか。もちろん、ちゃんと勉強して、会見内容をよく精査すれば、理研の偉い人たちの内容が正しく、小保方さんには論理的矛盾があると気づいたかもしれません。しかし、私も含めた多くの人は、論理的な部分よりも、感覚的な印象やイメージに強く影響を受け、なんとなく「小保方さんがかわいそう」という気持ちになったのではないでしょうか。

難民の男の子の遺体写真

二〇一五年、ヨーロッパで、海岸に打ち上げられた難民の男の子の遺体写真が世論を動かし、軍事介入や難民の受け入れ加速のきっかけになりました。

ただ、これ以前からも、数多くの難民は生まれており、戦闘や亡命途中で命を落としているという客観的なデータはあったのです。

イギリスのキャメロン首相同様、私もあの写真を見て、ひとりの父親として大変心が痛みますが、世の中を動かしたのは、ひとりの男の子の「写真」であり、たくさんの難民が命を落としているという「データ」ではありませんでした。より深刻なのは、「ひとりの男の子の死」よりも、「たくさんの難民の死」であるはずです。もちろん男の子の写真が、その背後にある多くの難民の死を連想させた部分もあるでしょう。ただ、もし私たちの脳の中で客観的・論理的な思考が優位であれば、男の子の写真を見なくても、客観的なデータから「何とかするべきだ」と世論が動いたはずです。

こういう事例を見てみると、「こわい」とか「心配だ」といった感情に支配されている人に対して、客観的なデータを示して論理的にリスクを説明しても、ほとんど効果がなさそうだということがわかります。ちょうど、怒っている妻に、自分の非のなさを論理的に説明するようなものです。

井戸端会議が心配を加速させる

こういう「なんとなくこわいイメージ」は、多くの人が共通して持っています。私はよく「ママ友」の集まりに参加するのですが、たとえばある食品添加物の話題になったとしましょう。そこで、他のママ友も一緒になって「こわいよね〜」という話をすると「こわいと思っていたのは自分だけではないんだ」とか「○○さんもこわいっていっているから、きっと本当にこわいものに違いない」といった具合に、みんな「こわい」という確信を強めていきます。ここで、○○さんがママ友の他のメンバーよりも年齢が上だったり声が大きかったりすると、メンバーの心配はますます加速していきます。このメンバー内に、科学的なデータを基に安全だと知っている人がいても、全体の雰囲気が「こわいこわい」という方向に流れてしまうと、場の空気やメンバーの和を乱すことを怖れて、こわくないとは発言しにくくなります。

幸い、私のママ友はおおらかな人たちが多く、あまり「こわいこわい」という方向にはなりませんが、集団の場合のほうが、極端な方向に話が行きがちなので注意が必要です。つまり、「少しだけ心配だった個人」が、集団で話し合うと、心配の確信を強めてしまうのです。これを「集団極性化」といいます。たとえば、「こういう食品を摂ったほうがいい」とか「あそこの塾がいいらしい」というように、お母さんたちが食べ物や習いごとの話で盛り上がるだけなら罪はありませんが、会社の経営会議や、国家の意思決定の場でも集団極性化は起こっています。戦争に突入していった時の日本、現在の北朝鮮などを思い浮かべてみてください。

みんなで話し合って心配になった時には、集団極性化が起きていないか、冷静に考えなおす必要があるかもしれません。

人類は怠け者エリート

私たちは怠け者です。おそらく生き物の歴史上で最も怠け者です。いったい何をいい出すのかとお思いでしょうが、順を追って説明しましょう。

自然界の生き物は、長生きだったり短命だったりまちまちです。もちろん、これは現代の文明社会においても同様ですが、ここでいう「長生き」とは、人間の場合とは違って、「子どもを残せるまで生きのびられるか」という意味です。当然ですが、長生きした個体の子孫は残りやすく、短命だった個体の子孫は残りにくくなります。

ここで、ある空間にランダムに散らばった食料を、生き物たちが探しているとしましょう。生き物たちは、運良く食料にありつければ、その食料のエネルギーの分だけ命を永らえます。運悪く食料にありつく前にエネルギー切れになれば死んでしまいます。

この状況下で、エネルギー消費量が多い個体と少ない個体は、どちらが長生きできるでしょうか。他の条件が同じであれば、少ない個体のほうが長く食料を探せます。食料にありつける確率も高くなり、長生きできる確率も高くなります。つまり、怠けている個体のほうが、子孫を残せる確率は高まるのです。そして世代を重ねるごとに、より怠け者になっていきます。したがって、現代に生きている私たちは、最も怠けてきた生き物たちの末裔《まつえい》なのです。

このことは、現代の文明社会では少し当てはまりにくいかもしれません。なぜなら現代社会では、食料は「ランダムに獲得するもの」ではなく、「定期的に確実に手に入るもの」になっているからです。したがって、怠けずに運動をする個体のほうが、成人病にならずに長生きできる可能性もあるかもしれません。

しかし、文明社会の歴史など、自然界のこれまでの歴史の中ではほんの一部です。たとえば、人類誕生から現在までの時間を一日（二四時間）に換算してみると、キリストの誕生は二三時四五分、産業革命は二三時五八分にあたります。人類誕生の前にも生き物の歴史はずっと続いていています。ですから、「生き物」としての私たちは、現代の文明社会の影響をほとんど受けていないと考えてよいでしょう。

その証拠に、私たちの怠ける性質は意識的な行動だけではなく、身体の仕組みにも表れています。たとえば心臓は、息を吸うときは速く鼓動し、吐くときはゆっくり鼓動します。酸素を取り入れられない時にたくさん鼓動すると、エネルギー効率が悪くなるからです。私たちは心拍数をいちいち意識しないし、コントロールもできません。でも、怠け者エリートである私たちは、身体にも怠けるクセが染みついているのです。

この怠け者の性質は、肉体的活動だけではなく、精神的活動、つまり、思考にも備わっています。脳は私たちの身体の中でも、非常に多くのエネルギーを消費している器官です。たくさん考えても痩せないので、考えることの影響はそれほど大きくないのかもしれませんが、それでも私たちは、「考えなくて済むことはなるべく考えないようにしよう」という性質を持っています。考える量を減らすために、いろいろな所で思考を省略しようとするのです。それが、論理的に、正確に「危なさ」を捉えることの妨げになることもあります。

よくあるのが、内容いかんではなく、誰が発信したかに基づいて情報の信頼性を判断することです。自分で信頼に足る情報を手に入れるより、信頼できる人がいうことを鵜呑《うの》みにしたほうがずっと簡単です。だから、「テレビでいってたから本当だろう」とか「頭のいい○○さんがいってたから本当だろう」という判断をしがちです。

しかし、すでに書いたように、マスコミにはマスコミなりの事情があって、比較的リスクが低いものに関する情報も、実際より危険だと報道されることがあります。テレビや新聞からの情報の真偽をいちいちたしかめるのは、なかなか骨の折れる作業ですし、知識やスキルも必要です。私たちは怠け者なので、ほとんどの場合、少し大げさに表現されたマスコミや声の大きい人たちによる情報も、そのまま信じてしまうのです。

人間とタラ、その生と死

生き物の話が出てきたついでに、少し余談になりますが、子どもの数とリスクの関係を考えてみましょう。

人間の女性が生涯に何人の子どもを産むかは、社会的な要因と大きく関わっています。子育てしやすい環境か、教育費にどれくらいお金がかかるか、異性と出会う機会がどのくらいあるか、独身生活がどのくらい楽しいかなどなど、社会的な要因がいろいろと絡み合って「出生率」が決まります。

しかし、これは人間だけの事情です。自然界には昆虫や魚のように、数十万個の卵を産む生き物もいれば、哺乳類のように一度に一～数匹しか子どもを産まない生き物もいます。大変な開きがありますが、これは「生まれた子どもが子孫を残せる確率の分母」なのです。

正確には、メスの個体の一生の出産数が分母になり、雌雄がペアになる生き物の場合、分子は二となります。仮に一〇〇匹ずつ三回、大体一生で三〇〇匹の子どもを産む生き物がいるとすると、その子どもたちが子孫を残せる確率は、大体三〇〇分の二、つまり一五〇分の一程度になります。

たとえば、たらこは一腹大体二〇万～五〇万粒だそうなので、これがみんな成魚になるということを何世代も繰り返したら、海はタラで溢れてしまいます。そうならないのは、稚魚の大部分が他の魚に食べられてしまったり、餌にありつけなかったりして、子孫を残す前に死んでしまうからです。

私たち人間は、数万分の一とか数十万分の一の確率で死んでしまうかもしれないことを考えて不安になっていますが、魚や虫たちは、数万分の一や数十万分の一の確率でしか生き残れないのです。こう考えると人間は、もともとの種としてもずいぶんとリスクが低い部類である上に、文明や社会を築くことで食料を確実に得られるようにしたり、衛生環境や医療体制を整えたり、安全対策を講じたりすることでリスクを下げています。他の生き物に比べ、なんと恵まれていることでしょう。

この章のまとめ

ここまで、私たちが心配になってしまう理由を書いてきましたが、いかがだったでしょうか。

私は心理学の他に、人間工学も専門としています。人間工学とは、ここ二〇〇年ほどで急激に進歩した文明や技術と、数十万年前から全く進化していない人間とのマッチングをいかにうまくやるか、という学問です。人間工学では、意図的な違反や破壊行為など、悪意があった場合を除いて、何かよくない結果が起きること（事故など）を、人間のせいにすることは基本的にありません。

たとえば、夜中に眠くなって高速道路で事故を起こした場合のことを考えてみましょう。夜中に眠くなるのはその人のせいではなく、人間の変えられない性質です。もちろん、夜運転することがわかっていながら、遊びすぎで睡眠不足だったというような、その人に非がある場合もありますが、夜眠くなった人に対して「気合が足りないからだ」とか「気をつけていないからそういうことになるんだ」というのは乱暴です。

なぜなら、長時間気合を持続できないのが人間の特徴であり、何かに気をつけていると、他のことには気をつけられないのも人間の特徴だからです。極端にいえば、肺から酸素を取りこまないと生きられない人間に、「息をするからいけないんだ」というようなものです。

そもそも夜中に何時間も高速道路を運転するような事態は、文明がなければあり得なかったことです。だから、人間が文明に仕方なく合わせているともいえますが、文明は人類が幸せになるために作り上げてきたはずです。だとしたら、その文明のために人間は不幸になるべきではないし、人間が文明に合わせるのもおかしな話です。文明の側、つまり機器や社会システムが、人間に合わせるべきだ、というのが人間工学の考えかたです。このような理想はあっても、自動車の場合、夜中の長時間運転に対する技術的な解決策は、残念ながらまだ不十分です（鉄道や航空機の分野では、機器の側が人間をサポートする体制も進んでいます）。

少し話がそれましたが、心配に関して、私がここで何をいいたいかというと「心配になってしまうのが人間の特徴なので、そう簡単に変えられない」ということです。

本書はこれから「心配の源であるリスクを、どうやって客観的に捉えて、無駄な心配をしないか」という方向に進んでいくので、この考えかたは本書の趣旨と少し矛盾するかもしれません。でも、どんなに客観的な考えかたをしても、心配なものは心配です。当然私にも心配なことがあります。だから、心配とはうまく付き合わなければならないのです。

私たち人間は、リスクを客観的に捉えることがあまり得意ではありません。しかし、本書を読むことで、平均的な人よりも、リスクを客観的に捉えられるようになるでしょう。スポーツでいえば身体を鍛えるようなものです。さらにリスクに興味を持って勉強を進めた結果、オリンピック選手並みに客観的思考が身についてしまうかもしれません。そこまで高めていただければ本望ですが、それでも、自分以外の平均的な人たちは、いろんなことを主観的・感覚的に捉えて心配になってしまうことをお忘れにならないでください。

第二章——ゴキブリに殺された人はいないのに、なぜこわい？

心配の中身を知れば……

この章では、「こわいもの」「危ないもの」といった心配の中身に目を向けてみましょう。私たちは、いったい何を心配しているのでしょうか。そして心配している対象にはどんな特徴があるのでしょうか。さらに私たちは、心配の中身に対して、どういう捉えかたをして、どう判断し、どう行動するのでしょうか。

心配の中身や、私たちの捉えかたや判断・行動の特徴を知っておくことで、心配している自分や、心配している内容について、俯瞰《ふかん》的な視点を持てるようになることを期待しつつ、この章を進めていきましょう。

命と株、失いかたの違い

リスクとは、「不幸なできごとが起きるかもしれないこと」です。

不幸なできごとにはいろいろありますが、共通するのは何かを失う、ということでしょう。失ったら不幸なものは、お金、自分の健康や命、親しい人や家族の健康や命、仕事、財産、時間、愛情、信用、環境、利便性、美貌など、あげればきりがありません。

失いかたにもいろいろあります。たとえば、自分が馬券を買った馬よりも他の馬が早くゴールを通過した瞬間に、馬券の金銭的価値は完全に失われます。命もこれと似たような失いかたで、全体が一気に失われます。一方、株や不動産の下落や体調を崩すことのように、「変動しながら緩やかに、部分的に失われる」場合もあります。

修理や治療によって、お金と時間をかければ取り戻せるものもあれば、命のように、二度と取り戻せないものもあります。

不幸なできごとの「不幸の度合い」は、人によって感じかたが違います。たとえば、同じ車を持っていても、多少の凹みは気にせず「バンパーはぶつけるためについているんだ」という考えの人もいますし、ほんの小さなキズがついただけでも、そのショックで立ち直れなくなる人もいます。このように同じ「不幸なできごと」でも、人によって評価が変わるのです。リスクの大小を計算する式の中には、「人の数だけ答えがあるもの」が含まれています。計算されるリスクもまた、人の数だけ答えがあることになります。

評価の対象が「車のキズ」のような物理的なものであれば、それ自体を客観的に計測したり、修理代という金銭に変換できます。しかし、「信用が傷ついた」という場合には、事態はややこしくなります。そもそも「信用」は主観的な概念なので、これを誰もが納得できる形で客観的に計測する手段がありません。

このように、リスクには確率評価や数式が含まれるので、なんだか「数学的」で「客観的」だという印象を持たれがちですが、人間の評価が入っている時点で、心の問題を抜きには語れません。つまりリスクは、「主観的」で「人間的」で「心理学的」な概念でもあるのです。

ゴキブリに殺された人はいない

心配についてお話ししてきましたが「こわいこと」について考えると、解釈はさらにややこしくなります。

ジェットコースターやホラー映画を、私たちはこわいと捉えます。

しかし、これらのリスクを考えてみると、これまでの説明が成り立たなくなってくるのです。ジェットコースターも全く事故を起こさないわけではありませんが、専用レールの上を一方通行で走る乗り物ですので、事故リスクは極めて低く、たとえば自動車や自転車に比べたら十分に「安全な乗り物」だといえます。でもジェットコースターに乗る前に、私たちは「こわいな」と感じます。何が「こわい」のか？「事故にあったらどうしよう」という類のこわさではないはずです。あの落下する感覚や急カーブ、風を切る感覚などを「こわい」と感じるのでしょう。さらに不思議なことに、そのこわさは快感と表裏一体です。私たちはジェットコースターがこわいにもかかわらず、わざわざお金を払って、行列に並んでまで乗ろうとします。

ホラー映画もこれとよく似ています。ホラー映画自体が、観客に危害を加えることはありません。ホラー映画は安全なのです。でも私たちはホラー映画を「こわい」と思います。そして、それにもかかわらず、やはりわざわざお金を払って見るわけです。

私も実はあまり得意ではありませんが、ゴキブリがこわいという人もたくさんいます。しかし、ゴキブリに殺されたという話は聞いたことがありませんので、冷静に考えてみると何がこわいのか、よくわからなくなってきます。

ゴキブリの話はさておき、私たちはハラハラ・ドキドキするものを求める性質も持っています。心配症の方には信じられないかもしれませんが、多かれ少なかれ人間にはこの性質が備わっているようです。私たちの脳は、同じ刺激にはすぐに慣れてしまい、飽きてしまいます。個人差はあるものの、どんなに心配症の人でも、窓がなく壁だけの部屋に長時間閉じこめられると、刺激がほしくてたまらなくなります。その部屋が安全で、外には危険があったとしても部屋から出たくなるでしょう。

このような心の働きを、心理学の世界では「センセーションシーキング」と呼んでいます。「センセーション」とは感情に強く訴えること、「シーキング」は探すとか求めるという意味です。タイヤを鳴らしながらギリギリの速度でカーブを曲がるとか、自分の伴侶に飽きて不倫をするとか、私たちはいろいろなセンセーションシーキングをしています。ジェットコースターに乗ったりアクション映画を見たりするのは、こういったハラハラ・ドキドキに対する欲求を比較的安全に満たすことができるからでしょう。

なぜセンセーションシーキングをするのか。その理由はさまざまですが、私たちの脳はセンセーショナルなできごとに快感をおぼえるように予《あらかじ》めプログラムされているのかもしれません。野生の環境で自分が危ない状況にある場合、それを素早く察知し、逃げる必要があります。こういった状況に対応する機能が、「心配」なのです。一方、ビクビク心配ばかりしていたら生き延びることはできません。人間もかつては、危険な場所で木の実を探したり、動物と戦ったりしなければ食料にありつけなかったからです。センセーションシーキングは、「心配」とバランスを取るためにある機能なのかもしれません。

結果の重大性の解釈

前述したように、リスクは「発生確率×結果の重大性」です。

「発生確率」のほうは、一〇回に一回とか、年に何件というように調べることができれば、客観的な数字に置き換えることができます。どちらが大きいのかを比べることもできますし、一〇分の一は、一〇〇分の一の一〇倍だと計算することもできます。

では、「結果の重大性」はどうでしょうか。怪我をして痛かったとか、死んじゃった、ということは簡単に数字に置き換えたり比較できません。また、悲しい気持ちになったとか、信用を失ったということも数字に置き換えづらいものです。私たちはこれらを保険料や慰謝料という形で、便宜上、お金という「数字」に置き換えています。そして、お金に置き換えれば、客観的に見えます。並べれば、金額の大小を比較することもできます。しかし、結果の重大性への評価からは、主観を排除することができません。たとえば、怪我をしたとしても、そのことを非常に重大に受け止める人もいれば、あまり気にしない人もいます。また、本人の主観だけではなく、周囲の人がどう評価するかという問題もあります。

私たちは社会の中で生きているので、誰かが怪我をして動けなくなれば、周囲にその影響が及びます。

同じ「全治二週間」という怪我でも、これといった用事がない人と、重大な商談を抱えている人では影響が異なります。それでも、物的損害や後遺症が残らない程度の怪我であれば、現状復帰にかかるコストと、怪我をして動けなかった期間のコストは、多くの人が納得する形で金額に換算することができます。

しかし、死亡や後遺症に対する結果の重大性の評価では、亡くなった人が家族にとってどのくらい大切な人だったかとか、後遺症によってどの程度人生の質が下がったかなど、ドライな評価などとてもできない主観的な内容になってきます。これらも現実的には、補償金などのお金に換算されますが、ここで算出される金額は誰もが納得する金額ではないだろうし、亡くなった本人は補償金を受け取れないという問題もあります。また、金額に換算することは、次のような問題もはらんでいます。

たとえば小学生にとっては一万円は大金ですが、ビル・ゲイツにとっての一〇〇万円ははした金です。お金の価値は誰にとっても等しいわけではなく、同じ金額の価値は貧しい人にとっては主観的に大きく、裕福な人にとっては主観的に小さくなります。つまり、お金の評価も確率の評価と違って、主観を排除することができないのです。

結果の重大性を評価するにあたり、もうひとつ注意点があります。それは被害全体の量を見るのか、被害に遭う確率を見るのかということです。

たとえば、人口が一〇〇人の村と、一〇〇万人の都市があり、大きな災害に見舞われたとします。その結果、一〇〇人の村では五〇人の人が亡くなり、一〇〇万人の都市では一万人の人が亡くなりました。

さて、結果が重大なのはどちらでしょうか。

この答えは、視点をどこに置くかで変わってきます。もしあなたが、自分が助かる確率を考えるのであれば、助かりにくいのは一〇〇人の村のほうです。一〇〇人の村では二人に一人が亡くなってしまっていますが、一〇〇万人の都市では一〇〇人に一人しか亡くなっていません。ですから、一〇〇万人の都市に居た人のほうが個人のリスクは低いということになります。

では、あなたが村長や市長だったらどうでしょうか。

一〇〇人の村なら、五〇人分のお墓を用意すればいいのですが、一〇〇万人の都市では一万人分のお墓が必要になります。結果が重大なのは一〇〇万人の都市のほうだという考え方にもなるのです。

このように「発生確率」は、そのメカニズムが明らかになったり、計測技術が進歩したり、統計情報が整備されたりすることで、より「本当」に近い値がわかるようになります。しかし、「結果の重大性」は、人間の主観が評価の基準になる部分が残ります。完全な意味での「客観的リスク」は存在しないのです。

本当はこわいもの、本当はこわくないもの

世の中は私たちを心配にさせるもので溢れていますが、その中には、実態よりもこわいと思われているものや、実態よりもこわくないと思われているものがあります。前者は「本当はこわくないもの」、後者は「本当はこわいもの」です。

「本当はこわくないもの」といって、まず私が思い浮かべるのは飛行機です。墜落すれば一度に多くの人が亡くなりますし、墜落する飛行機に乗っていた場合、助かる確率はかなり低いといえます。

自動車事故は毎日たくさん起きており、よほど大規模なものや特殊なものでなければ報道されませんが、めったに起きない飛行機の墜落事故は大ニュースになります。報道の問題以外にも、「自動車事故に遭ったけど軽い怪我だけで済んだ人」は、自分も含め、身の回りに

結構いる気がします。でも、飛行機事故から生還したという人は滅多にいません。

もしあなたが泳ぎが得意であれば、飛行機事故より船の事故ほうがこわくないかもしれません。もちろん、救命ボートに乗ることができれば船のほうが助かる確率は高いと思いますが、海に投げ出された場合、泳げるからといって助かるとは限りません。真夏を除いて、私たちは溺れ死ぬのではなく、体温を奪われることで死ぬのです。それでもなんとなく、人間は空を飛べないから、飛行機がこわいと感じるのです。

海の話でいうと、サメも実態以上にこわいと思われているのではないでしょうか。これは『ジョーズ』という映画の影響が大きいように思えますが、他にもいかつい顔や歯から受けるイメージや、魚独特の表情のなさ（魚同士には表情が見えているのかもしれません）が私たちに冷徹な印象を与えているのかもしれません。

しかし、サメはみなさんが思っているほど危険な生き物ではなく、滅多に人を襲うことはありません。水族館でサメを見たことがある人は多いと思いますが、実際に海で泳いでいる時にサメを目撃した人はかなり少ないのではないでしょうか。実は、私は海が大好きです。世界中の海に泳ぎに行っており、泳いでいる最中にサメに出会ったことがありますが、今のところ襲われた経験はありません。

私たち人間はサメのことを知っていても、サメから見たら人間は得体の知れない存在です。人間はサメをこわがっていますが、それ以上にサメも人間をこわがっているのかもしれないのです。外国の人がなかなか納豆を食べられないように、初めての食べ物にはなかなか抵抗があるものです。知りもしない人間を食べてみるのはさらに勇気がいることでしょう。したがって、サメが人間を食べ物だと思って襲う可能性は非常に低く、実際にデータもそれを裏付けています。サメに襲われて亡くなる人は少なすぎて年によって増減していますが、世界で年間五〜一〇人程度、飛行機事故で亡くなる人の一〇〇分の一以下の人数です。

喫煙はこんなにこわい？

一方、「本当はこわいもの」の代表例は「喫煙」です。

「禁煙」「死者数」などのキーワードで検索するとWHO（世界保健機関）のページが出てきます。そこには、日本で喫煙が原因と考えられる死者数は、年間一六万人あまりだというデータがあります。単純計算すると、交通事故死者数（約四〇〇〇人）の四〇倍です。これだけでも「結構多いな」と思うのですが、さらに気をつけるべきところがあります。

道路をまったく利用しない人はあまりいないでしょうから、交通事故死者数四〇〇〇人の分母は、ほぼ日本国民すべてになります。しかし、喫煙による死者一六万人の分母は、受動喫煙の影響を無視すれば、日本国民の二〇％（二四〇〇万人）しかいない喫煙者になります。

交通事故のリスクは、死者数四〇〇〇÷全国民一億二〇〇〇万で、約三万分の一。いっぽう喫煙のリスクは、死者数一六万÷喫煙者数二四〇〇万で、約一五〇分の一になります。その差は実に二〇〇倍です。

では、私たちがこわいこわい、と思っている航空機事故による年間死者数はどのくらいでしょうか。「航空機事故」「死者数」といったキーワードで検索すると「世界最悪の飛行機事故（テネリフェ国際空港事故）」で何人亡くなったかという情報ばかり出てきてしまうので、「航空機事故」「年間平均死者数」などのキーワードを入れてみましょう。いくつかのサイトがありますが、いわゆる旅客機事故による年間平均死者数はおおむね一〇〇〇人弱であることがわかるはずです。これも甚《はなは》だ大雑把な計算ですが、日本の人口は、世界の全人口の約五〇分の一ですから、一〇〇〇人を五〇で割ります（二〇人）。ただし、日本は先進国なので、世界平均の二倍ほど飛行機に乗っているかもしれない。そう考えても、日本の航空機事故による死亡者数は年間四〇人程度でしょう。飛行機による死亡リスクは自動車事故の一〇〇分の一、喫煙の実に二万分の一のリスクなのです。

もちろんタバコを吸わない人がいるのと同じで、飛行機に乗らない人もいるでしょう。また、一生の間に数回しか飛行機に乗らない人もいれば、出張などで毎週のように乗る人もいます。交通事故についても、道路の利用頻度、利用する道路の交通状況などさまざまな影響があります。喫煙についても、タバコの本数や、ニコチンやタールの含有量の影響がありますし、病気の発症にはタバコ以外の環境や遺伝的要因も関係するので、この大雑把な計算にはかなりの誤差があるはずです。仮に一桁誤差があったとして、飛行機と喫煙のリスクは、一：二〇〇〇から一：二〇〇〇〇ぐらいになる可能性があります。しかし、いくら大雑把だからといっても一：二になったり、逆転したりすることはなさそうです。

今はやめてしまいましたが、私もかつては喫煙者でした。飛行機よりも二万倍も危ないタバコを吸っていながら、自分がタバコのせいで死ぬことはないと思っていました。その一方、タバコより二万倍も安全な飛行機に乗る時に、「墜落したらどうしよう」とビクビクしたりします。空港の出発ロビーの喫煙所で「吸いおさめかもしれない」なんて思っている人、けっこういるんじゃないでしょうか。余談ですが、この原稿は、タバコの煙が充満した喫茶店で書いていています。私は昭和の雰囲気が残る場所が好きで、古い喫茶店を見つけるとすぐに入ってしまうのですが、最近はタバコが吸えない場所が多いからか、街中の喫煙者が集結しているのです。「みんなこわいもの知らずだなあ」と思う反面、私はお酒も大好きなので、大差ない気もします。

さらに余談が続きますが、私は最近、任期の関係で事故防止の研究をしていた大学から、災害リスクを減らすための研究所へ転職しました。先ほど「昭和の雰囲気が大好き」だと書きましたが、そういう古い建物は地震による倒壊リスクや火災リスクが、高かったりします。「新しい建物と比べたらちょっと高い」という程度で、日本の建物は世界的に見ても頑丈にできており、直ちに心配する必要はありません。ただ、私も、転職して災害について日常的に考えるようになるまでは、建物固有のリスクなど考えたことがありませんでした。たとえ専門家であっても、自分の専門分野以外のリスク——たとえば今、私が一杯やっている古い居酒屋の倒壊リスクなどは考えないのです。

「ジュージャン」というギャンブル

怪我をしたり死ぬことはあまりないものの、ギャンブルも実際のリスクを低く見積もりがちです。

「還元率」という言葉をご存知でしょうか。「ギャンブルに勝った人がもらえる配当金」を

「ギャンブルをやっている全員分の掛け金」で割った値です。

たとえば、一〇〇人集まって一〇〇円ずつ出しあい、最終的にじゃんけんで勝った人が掛け金を受け取るゲームで考えてみます。この場合、勝った人が一万円受け取るのであれば還元率は一〇〇％、九〇〇〇円受け取るのであれば還元率は九〇％になります。還元率一〇〇％のゲームを繰り返せば、賭けをした人の手元に残っているお金は、徐々に最初の所持金に近づき、全体で見れば損も得もしていないことになります。

昔、私は「ジュージャン」という遊びをよくやっていました。自動販売機の前で友達とじゃんけんをして、負けた人が全員分のジュース代を出すという至ってシンプルな遊びです。ツーリングの途中などで、そろそろ喉が渇いたなあ、という時にやっていました。ジュージャンをやらない場合でも喉が渇けばジュースを買うわけですから、自分のジュース代分の支出はあるわけです。一方、ジュージャンをやる場合、勝てば支出はゼロ、負ければ人数分のジュース代を払わなければいけません。ジュージャンをやることで、損したり得したりしますが、たくさんの回数を繰り返すと、結局自分の分のジュース代を自分で払った時と同じ金額に近づいていきます。

仲間うちでの賭けマージャンも同様ですが、こういう仲間うちの場合を除いて、還元率一〇〇％のギャンブルはあまりありません。還元されないお金は、胴元の取り分になります。胴元の取り分が多いか少ないかはさておき、たとえば還元率が九〇％である場合、確率的には初めから一〇〇円を九〇円に交換していることになります。トータルで見ると、一〇％損しているということです。

宝くじ、競馬、パチンコの還元率

もうひとつ、大数《たいすう》の法則という言葉をご紹介しておきましょう。回数をたくさん繰り返すと、理論的確率に近づいていくという法則です。一番簡単な例で考えてみると、たとえばコインを投げた時に、表が出る理論的確率は五〇％です。コインを一回だけ投げた場合、表が出れば表一〇〇％、裏が出れば表〇％になります。おそらく一〇回投げたぐらいではきれいに表五回、裏五回ずつにはなかなかならないでしょう。でも、一万回投げると、結果は表五〇〇〇回、裏五〇〇〇回に近づくはずです。先ほどのジュージャンの例（自分が払うジュース代が各自で買った時の金額に近づいていく）も大数の法則です。

おなじみのギャンブルの還元率を調べてみると、パチンコやパチスロが九〇％前後、競輪や競馬が七五％前後、宝くじが五〇％前後となっています。誰もが当たる気がする宝くじですが、単純に計算して、一億円当てるためには二億円分宝くじを買わなければなりません。競馬やパチンコのほうが良心的だと思う人もいるかもしれませんが、実はここにも落とし穴があります。宝くじは同じ日に何回も繰り返し買うことはできません（「繰り返し」とは当たった配当金を購入に充てるという意味）が、競馬は一日に一二レース（最近では他の競馬場の馬券も買えるので実際にはもっと増える）賭けることができます。最初のレースで賭けに勝った人が、その配当金をその後のレースにつぎ込まないのであれば、最終レース後、賭けをした人全員の所持金の合計はレース前の七五％になります。

しかし、実際には配当金をつぎ込むのが普通です。レースを繰り返す度に、みんなの合計掛け金は二五％ずつ目減りしていくので、最終レースの配当金以外のお金はほとんど胴元に吸い取られることになります。ちなみに全員が配当金を一〇〇％賭けにまわして馬券を買う状態が一二レース繰り返されたと仮定すると、〇・七五の一二乗になります。最終的に賭けをした人たちの手元に残るのは元の金額の約三・二％になります。もちろん、馬券を当てて帰っちゃう人も居ますし、レースの読みが上手いか下手かにもよるので、実際の配当はもう少しいいと思いますが、それでも競馬で勝つことは大変難しいといえるでしょう。

パチンコはさらに還元率が高いのですが、競馬のレース数のように繰り返しの上限がありません。パチンコの場合、現金は「玉」というお金の実感を伴いにくいものに変換されていますが、下の皿に出てくる玉は配当金です。したがって、出玉を下皿から上皿に移す度に、掛け金が一〇％ずつ目減りしていくということです。これまで何回玉を移したのか、想像するのもこわくなりますね。

それでも、宝くじを買う人はなんとなく当たる気がしているし、競馬やパチンコをやる人も勝てる気でいます。いや、勝った気でいるといったほうがいいのかもしれません。少なくとも私が知っているギャンブラーは口を揃えて「自分は勝っている」あるいは「トントン」といいます。ギャンブルは、主観的に感じるリスクが客観的リスクよりずっと低い代表例だといえるでしょう。

私は別にギャンブルなんかバカバカしいからやるな、というつもりは毛頭ありません。同じ遊戯場である、ゲームセンターの還元率はゼロです。それでも私たちは、ゲームがやりたいからゲーム機にお金を入れるわけです。先ほどのジュージャンも同じです。結果的には自分でジュースを買うのと同じ金額を払うとしても、自分でジュースを買う時には得られなかった緊張感や高揚感、コミュニケーションや思い出が生まれるのです。金銭的な計算だけで、良し悪しを評価するべきではないと思っています。

「ベネフィット」とは

リスクを下げることだけを考えて生きればいいのであれば、なるべく危ないことを避けるような行動を心がけていればいいので、話はとてもシンプルです。しかし、実際、世の中は安全だけで成り立っているわけではありません。現代社会では、私たちは仕事をしてお金を稼がないと生きていけません。経済活動にリスクはつきものです。株式などの投資は、買った時よりも株価が下がるリスクがあるし、商売をはじめてみても、お客さんがめっきり来ないで借金だけが残るリスクもあります。

私たちが商売をしたり、お金を払ったり、リスクを冒したりして得られる「利益」や「自分にとってプラスなこと」を総称して、「ベネフィット」と呼んでいます。

投資や商売で得られる儲けもベネフィットだし、お金と引き換えに出てくる生ビールもベネフィットです。また、目的地により早く着くのもベネフィットだし、美しい女性が微笑みかけてくれるのもオジサンにとってはベネフィットです。つまりベネフィットとは、「嬉しいこと」に近い意味だと思えばいいでしょう。

「コスト」とは

もうひとつ、私たちの行動に関係しているのが「コスト」です。これは、何かを得るために支払うお金や労力のことです。生ビールの対価として支払うお金はコストですし、美人に気に入られたくて扉を開けてあげたり、荷物を持ってあげたりする労力もコストです。

リスク・コスト・ベネフィットの三者は、どれかが増減すると、他も増減する関係にあります。たとえば、直前の例のように、ベネフィットを得るためにコストを支払うという方法もありますが、ベネフィットを得るためにリスクを冒すという方法もあります。車を飛ばして高いリスクを許容すれば、目的地に早く着けるというベネフィットが手に入ります。安全な食品は値段が高いので、こういう食品を買う場合、コストをかけてリスクを下げていることになります。

リスクと同様に、コストやベネフィットも主観的です。生ビールや美人に興味がない人にとってはベネフィットになりませんし、労力やお金に対する感じ方も人によって違います。私たちは多くの場合、ベネフィットはなるべく大きくなるように、コストはなるべく小さくなるように、そしてリスクはコストやベネフィットを考慮しつつ、許容できる範囲内に収まるように調整しています。

リスク・コスト・ベネフィットに影響するものはとてもたくさんあります。そして、それらがそれぞれリスクだったりコストだったりベネフィットだったりします。

少々ややこしいので、食べ物のリスクを例に考えてみましょう。

人間は食べ物を食べなければ生きていけません。しかし、食べる上では、たとえば食中毒というリスクもあります。食中毒の確率に影響をおよぼす要因はたくさんあり、いろいろな対策を考えなくてはなりません。

まず、時間が経つほど腐る可能性が高くなるので、なるべく早く食べることです。温度が低ければ（あるいは極端に高ければ）菌の繁殖を抑えられるので、冷蔵庫に入れたり、加熱することや、食品に菌が付着しないように衛生的な環境で調理・加工を行うのも有効です。ほとんどの菌は酸素がないと活動できないので、空気に触れないようにする方法や、腐るのをおさえる食品添加物を使う方法もあります。多くの場合、これらの合わせ技で食中毒のリスクが低く抑えられるように工夫されています。

これらの対策には、コストがかかっています。早く食べるためには、産地や加工場からなるべく早く運ぶ必要があり、それだけ流通コストがかかります。冷蔵庫は電気代がかかるし、加熱にも電気やガスなどを使います。衛生的な環境の維持管理にもお金がかかるし、空気に触れないためのパッケージ代もかかります。

食べ物から得られるベネフィットもまた多様です。

まず、私たちは食事から生きるためのエネルギーを得ています。また、美味しいなあと思ったり、旬の素材から季節を感じたりします。直接的ではありませんが、誰かと食事をともにすることでコミュニケーションが生まれたり、絆が深まったり、商談がまとまることもあります。

レバ刺しやふぐを食べる時のように、意識的にリスクを取る場合もあります。前項であげたコスト（流通費・電気代・ガス代など）はあまり意識されませんし、食べ物にまつわるたくさんのリスク（食中毒・異物混入・小骨が喉に刺さる・肥満・生活習慣病など）も全て意識されている訳ではありませんが、それでもリスク・コスト・ベネフィットは、それぞれ影響しあっているのです。

リスクの過大評価と過小評価

私たち個人が感じるリスクと、客観的で本当のリスクは、以下二通りのパターンでずれています。

まず、「客観的で本当のリスク」よりも「個人が感じるリスク」のほうが低い場合です。

この状態は「リスクの過小評価」だといえます。本当のリスクも十分に低いなら、それほど問題は起きません。たとえば飛行機が墜落する客観的な確率が一〇〇万分の一だとして、「飛行機の墜落確率は一、〇〇〇、〇〇〇万分の一、ぐらいだから大丈夫だ」と過小評価して飛行機を多用したとしても、たぶんその人は墜落する飛行機に乗ることはないでしょう。一方、交差車両が来る確率を実際より低く見積もって一時停止をしないとか、株価が下がる確率を実際よりも低く見積もって株を買うというように、リスクを過小評価すると、不幸になってしまう確率が高くなります。

もうひとつは「本当のリスク」よりも「個人が感じるリスク」のほうが高い場合です。この状態は「リスクの過大評価」です。

本当のリスクが比較的高い場合には、危険に近寄らずに済むので、この状態は悪くなさそうです。たとえば晴れた日に交通事故に遭う客観的な確率が一万分の一、雪の日の確率が一〇〇〇分の一だとして、「今日は雪が降っていて一〇〇分の一ぐらいの確率で事故に遭いそうだから車ででかけるのをやめておこう」と思うような状態です。一方、本当のリスクが十分に低い場合はどうでしょうか。この場合も、念のため避けておけば、無駄な努力であってもその人に不幸が訪れる確率が上がるわけではありません。

しかし、この状態には大きくわけて二つの問題があるのです。

ひとつは、「しなくていいリスク回避のために余計なコストをかけてしまうこと」、もうひとつは「間接的に他の人に迷惑をかけてしまうこと」です。

過大評価のデメリット

危険を避けるにはコストがかかります。たとえば、危険を避けるためにゆっくり運転すれば、その分、目的地に到着するのに時間がかかります。新幹線で座れないというリスクを回避するには、自由席特急券より高い、指定席特急券を買う必要があります。

運転の例では、時間というコストをかけてリスクを下げたことになり、新幹線の例では、指定席の差額という金銭的コストをかけてリスクを下げたことになります。危険な道路状況で速度を落とすことや、ゴールデンウイークに指定席を買っておくことは合理的ですが、時速一〇〇キロで走っても安全な高速道路を時速五〇キロで走ったり、日曜日の早朝に始発駅から乗る新幹線の指定席特急券を買ったりする場合、それ以上リスクは下がらないのにコストだけを支払うことになります。

また、実際にはほとんどリスクのない農薬や食品添加物などを過剰にこわがって無農薬、無添加の食品を買う場合も同様です。無農薬、無添加で食品を作るには農薬を使ったり添加物を使ったりして食品を作る時よりもコストがかかるので、値段もその分高くなります。もちろん無農薬や無添加の食品を買うのは個人の自由ですし、食品にはリスクだけではなく「美味しいかどうか」や「見た目の良し悪し」など他の要素もあります。また、飲食店や主婦（主夫）などは、よりよい食品を他者に提供しているということが満足感や利益につながることもあります。だから、無農薬や無添加の食品や、それを買う人を否定するつもりはありません。しかし、実際のリスクが変わらないのなら、払っているコストは無駄になってしまいます。

無限にお金や時間があれば、とことんリスクを避けるのも悪くないかもしれません。しかし、実際にはお金や時間は有限です。また、お金や時間をかけて避けたいリスクが世の中にたったひとつしかないなら、コストをかけてもいいのかもしれませんが、世の中は危険なものに満ち溢れているので、危なくないものに無駄なお金や時間をかけてしまうと、もっと危ないものを避けるために必要なお金や時間がなくなってしまいます。

大雑把にいって、リスクを避ける最も大きな目的は、「危険なことを避けて、なるべく長生きしたい」ということです。そうだとすれば、お金や時間は目の前にあるたったひとつのリスクを下げるために使うのではなく、自分に降りかかるかもしれないリスクの「合計値」を下げるために使うべきなのです。

これは個人だけではなく、社会や組織など集団においてもいえることです。たとえば、交通事故のリスクを下げようとして、警察官を全て道路の取り締まりに動員してしまうと、犯罪のリスクを上げてしまうことになるでしょう。ある集団が、集団そのものや所属する人のリスクを下げる場合、予算も時間も、そしてその対応に回せる人材も有限なのです。

風評被害の問題

実際には危なくないものを避けた場合、風評被害を生んでしまう問題も出てきます。公害や原発事故などが起きた産地の食品を買わない選択をした場合を考えてみましょう。

実際にリスクが高いのなら、その産地の食品を買わないことは合理的です。しかし、実際にはリスクが無視できる程度に低い場合、生産者はいわれのない理由で損害を受けることになります。この場合、買う側のコスト負担はごくわずかで、コストが意識されないことがほとんどです。そのコストによって買う側の人が破産することはまずないでしょう。

ところが、生産者にとっては一大事です。私たちは、生産者から直接ものを買うことは少なく、作っている人の「顔」は見えにくいでしょう。だから、買い控えをする時に生産者を意識することはあまりないはずです。しかし、結果的には、合理的な根拠がないにもかかわらず、生産者を廃業に追い込んでしまうこともありうるのです。

農業にせよ工業にせよ、すでに生産体制ができあがっていて、維持されている状態の生産コストは、ゼロから生産体制を作る場合より低くなるのが普通です。したがって、生産者が既にある生産体制が維持できないほどの打撃（廃業など）を受けてしまうと、再び生産する際、私たちは今まで以上のコストを払うことになります。また、生態系や文化のように、失われてしまえば二度と元に戻らないケースもあります。二度と取り戻せないとしても、無視できないほど高いリスクを避けるためであれば、やむを得なかったと納得できます。しかし、風評被害によって大切なものが失われてしまうのは悲しいことです。そういった意味でも過剰な心配は避ける必要がありそうです。

妊婦とレントゲン

私は交通事故防止を専門としており、交通関連の学会によく参加しています。そこでしばしば、交通事故後のレントゲンと妊婦さんの問題が話題にのぼります。妊娠に気づいていない初期段階の女性が交通事故に遭い、異常がないかレントゲン撮影をしてみたら妊娠していることが発覚。そして、そのレントゲン撮影によって、肢体の不自由な子が生まれるのではないかと心配して中絶してしまうケースがあるそうです。

では、妊娠中のレントゲン撮影によって胎児に異常が見られるリスクはどのくらいなのでしょうか。「妊婦」「レントゲン」「影響」などのキーワードで検索するとたくさんのサイトがヒットします。

そのうち、医学部や病院といった、専門家っぽい人が発信している情報を見てみると、胎児に影響をおよぼす可能性があるX線量は、一〇〇～二〇〇ミリグレイ程度だとわかります。

ここで「しきい値」という言葉が登場するので、簡単に解説しておきます。「しきい値」とは、その数字以下ではリスクは上がらない（変化が見られない）が、その数字を過ぎるとリスクが上がり始める（変化が見え始める）値です。ですから、一〇〇～二〇〇ミリグレイのX線を浴びたら確実に胎児に異常が表れるわけではなく、一〇〇〜二〇〇ミリグレイ程度からその確率が少しずつ上がり始める、ということです。

馴染みのない言葉に負けるな

「円」とか「メートル」ではなく、馴染みのない「グレイ」という謎の単位が出てきた時点で、「うっ……」と尻込みしてしまう人もいるかもしれません。馴染みのある単位は自分の経験と比較できて、その数字が大きいのか小さいのかが直感的に判断できますが、「一〇〇ミリグレイ」がどんな数字なのか、私たちはよくわかりません。

でも、ここで諦めずに、もうちょっとだけ頑張ってみましょう。お母さんが心配しているレントゲン撮影で、実際に胎児が浴びるX線量も、検索すればすぐに見つけることができます。健康診断などでよくやっている胸部X線で〇・〇一ミリグレイ（しきい値を一〇〇ミリグレイとして一万分の一）、最も高い腰部CTで二五ミリグレイ（同じく四分の一）です。大学病院による情報には参考文献も出ています。もし、このデータの原典や、計測方法を知りたい方は参考文献を取り寄せてみてもいいでしょう。

余談ですが、全ての日本語の論文と多くの英語の論文は、国立国会図書館から誰でも取り寄せることができます。国立国会図書館のホームページで登録すれば、郵送でのやりとりもできるので、全国どこにいてもコピー代と郵送料、封筒代など数百円のコストで論文を読むことができます。「論文」が何か、どういうことが書かれているのかについては、本書の後半でご紹介することにします。

お医者さんが感じているリスク

多くの医師は医療現場の最前線にいて、日々患者と接し、治療にあたっています。この営みは大変貴いものであり、私たちの幸せな生活には欠くことのできないものです。一方、お医者さんたちは日々患者と接しているからこそ、リスクを高めに見積もりがちなのかもしれません。

健康診断や出産を除くと、病院に来る人はどこか具合の悪い人たちばかりです。したがって、お医者さんの身の回りには具合の悪い人がたくさんいることになります。たとえば一万人に一人の割合でかかる病気があったとします。私たち一般人が、こういう病気の患者さんと出会うのは極めて稀だったとしても、お医者さんのまわりにはずっと高い確率であらわれます。

また、私たち一般人は、病気で苦しむ人や事故で血だらけになっている人を見る機会はあまり多くありません。一方、お医者さんたちはこういう人を日常的に見ています。私たちは患者数や事故の負傷者数など、統計情報のドライな「数字」で不幸なできごとに遭遇する場合が多いのですが、お医者さんは日々「リアル」を目にしているのです。

リアルな経験は論理的・客観的思考回路ではなく、直感的・感情的思考回路に強く作用します。リスクや統計情報を見つめる論理的・客観的思考を意識的に持たない限り、お医者さんが感じるリスクは、一般人よりも高くなるのかもしれません。

リスクをどう分配するか

タバコを吸うとか、飛行機に乗るといった個人の判断であれば、たとえ合理的でなく、よくない結果を招いても、自己責任で片付けることができます。

ところが、世の中には複数の人で一緒に決めなければいけないことがあります。たとえば、飛行機はこわいから絶対に乗りたくない人と、その友達が集団で旅行する場合を考えてみます。飛行機嫌いの人が鉄道旅行を主張すると、他の人は移動時間がかかるという不利益を被ります。でも他の人が「まあまあ、そんなことはいわずに飛行機は安全な乗り物だから飛行機で行こう」といって、その人を無理やり飛行機に乗せたとすると、その人は不安で旅行を楽しめなくなるかもしれません。つまり、どちらかが我慢しなければならない不公平な状態が生まれるのです。

交通手段であれば、大した問題ではないかもしれませんが、世の中にはもっとたくさんの人で合意しなければならないケースがあります。

たとえば、原子力発電所を作るかどうかを決めるケースを考えてみましょう。

住民は、そんな危ないものを作るなんてとんでもないと思うかもしれません。一方、電力会社は安く電気を提供したり、利益をあげるために原発を作りたいと思っているはずです。住民の中にもリスクを高めに見積もって作らせたくないと思う人もいれば、雇用が生まれ街が発展するから作るべきだと考える人、つまりリスクよりもベネフィットを重視している人もいることでしょう。

原発を作る、作らない、保留、延期……。さまざまな意見があっても、どれかひとつの結論に決めなければなりません。そうすると、リスク・コスト・ベネフィットをどう分配するか、つまりどうやって不公平をなくすかという問題が生まれてきます。

個人の中のリスク・コスト・ベネフィットの調整は、個人内で完結しています。一方、集団の場合は、リスク・コスト・ベネフィットを個人に均等に振り分けることはまずできません。

原発の例では、発電所ができた街に住む人は、大事故が起きた時に住む場所や故郷を失うリスクを負っています。一方、原発で働いている人は「雇用」というベネフィットを得ています。その街の飲食店や商店も、原発で働く人が増えれば売上が上がるかもしれません。しかし農業や漁業を営む人は、客観的なリスクの高低にかかわらず、以前より売り値が下がるかもしれません。もちろん、国や電力会社からの助成金などで立派な公民館や広い道路を作ることなどで、ベネフィットを公平に分配しようとしても、完全に平等に分配することはほとんど不可能です。

さらなる問題は、この街に住む人がリスクを負ったおかげで、原子力発電所から遠く離れた大都市に住む人が「電気代が安い」というベネフィットを享受しているところです。大都市に住む人も多少のリスクは負っているのですが、事故が起きた場合の影響は近いほど大きいので、リスクは「均等割り」になりません。

このような問題は、河川の堤防をどこまで頑丈に作るか、幹線道路をどこに作るかといった、行政の決定のほとんどにつきまといます。そして、リスク・コスト・ベネフィットの絡みかたが複雑な上に、関係する人の数も多すぎて、全員が納得できる調整はできません。飛行機嫌いの人を無理やり飛行機に乗せる場合は、人数が少ないので、他の人が割り勘でその人の飛行機代を出すなどの調整方法であれば、全員が納得できるかもしれません。しかし、原発建設などの場合、関係者全員が話し合いのテーブルにつくことはできません。そして、全員が納得することができないばかりか、そもそもそんな話聞いてないよ、という人も出てきます。

ツケを払うタイミング

飲み屋でお酒を飲んでいる時を想像してください。椅子に座って「とりあえずビール」とかいいながら、いろいろなものを注文しますが、この段階ではお金は払っていません。しかし、客はビールとかおつまみ（ベネフィット）を手に入れます。お金（コスト）を払うのは、飲み食いが終わってお勘定をする時です。注文から支払いまでの時間は、軽く一杯ぐらいなら一時間程度、ゆっくり飲んで三〜四時間後ぐらいでしょうか。今はあまり一般的ではありませんが、馴染みの店ではツケがきく場合があって、その場合は支払いは数日から一カ月程度です。あるいは、クレジットカード払いの場合も、口座から現金が引き落とされるのは翌月以降になります。

自然界では、コスト支払いまでの時間にあまり開きはありません。そして、居酒屋などと違って、コストを先に支払うことのほうが一般的です。チーターが頑張って走ってトムソンガゼルに追いつくことができたら（コスト）、餌が食べられる（ベネフィット）といった具合です。人間は、「お金」や「信用」という社会的システムを開発したために、先にベネフィットを享受してコストの支払いを後に回したり、両者の間に長い時間をあけるようになりました。

時間があけばあくほど私たちは、ベネフィットを享受するときにコストを意識しなくなります。私は、比較的派手な服が好きなので、日本のお店よりも海外のほうがほしい服が見つかります。よって、海外に行くとついついカードで買い物をし過ぎてしまいます。私は利用したことはありませんが、ローンやリボ払いになると、さらに支払期限はのびていきます。そうすると、買い物することと、その支払いが頭の中で結びつきにくくなり、欲望にまかせてどんどん買い物をしてしまいそうです。

では、ベネフィットからコストの支払いまでの期間がさらに長くなっていくとどうなるでしょうか。

たとえば、ツケを一〇〇年後に払えばよい飲み屋を想像してみましょう。メニューに載っている料理が、「美味しそうだけどちょっと高いからどうしようかなあ」といったことは考えなくなり、財布にはあんまりお金が入っていないけど「まあいいや、キャビアとドンペリ持ってこーい！」となるかもしれません。

原発だって「ドンペリ持ってこーい！」感覚

たとえば鉄筋コンクリートのマンションは六〇年程度が耐用年数だといわれていますが、新築物件を買うときに解体費用のことなどはあまり考えません。家を買う人の平均年齢は三〇代後半だそうですが、六〇年後には九〇代後半、つまり多くの人がこの世にいないので、買う時の値段や維持コストは考えても、解体費用などは「まあいっか」となるわけです。

その極めつけが原子力発電所です。たとえば福島第一原発の着工は一九六七年。建設計画は、それよりずっと前から立てられていたはずです。国の大規模事業の責任者になる人は若くても四〇代ぐらいだと推測されますので、この計画に関わった人は現在ほとんど生きていないでしょう。一方、発電所の建設には大きな初期投資が必要ではありますが、ひとたび稼働を始めれば、莫大な売電利益が入ります。利益が入るのは計画を立てた人たちが生きている間です。

福島第一原発は事故を起こしてしまったので、通常より解体しにくい状態ですが、そのほかの原発もマンションとは比べ物にならないほど莫大な解体費用がかかります。また、長期にわたって放射線を出し続ける使用済み核燃料は、なんと一〇万年も安全に管理しなければならないそうです。キリストが生誕してから現在までのおよそ五〇倍の期間、管理費を払い続けるわけですから大変です。このコストが電気代に上乗せされていたら、大変な金額になるはずですが、私たちの電気代には含まれていません。つまり、私たちは、自分たちの子孫にツケを回して「ドンペリ持ってこーい!」をやっているともいえるのです。

「実は結構こわいんだ」を伝える場合

原子力発電所を作りたい人は、作ってほしくない人を説得する必要があります。

そして、作ってほしくない人も、作りたい人を諦めさせたいと思っています。

このような場合、リスクの感じかたの違いのせいで、損得を抜きにしても話が折り合わないことがあります。

作りたい側の人たちは、原子力発電所を作れる技術を持っており、メンバーの中にはリスクの計算や確率的な話ができる人がいるでしょう。そして、危ないかどうかよくわからないものを作るわけにはいかないので、その時わかっている情報によってその危険性を数値化します。しかし、たとえば、放射性物質の大規模な漏洩《ろうえい》が起きる確率を一〇〇万年に一回ぐらい、と算出してみても、作りたくない人は説得できないでしょう。

作らせたくない側の人たちのなかにも、原子力や確率計算などの知識のある人がいて、独自に計算したうえで、「あんたの計算には○○が想定に入っていないが、○○を想定に入れるとこんなに確率が上がるよ。だから危ないから受け入れられない」と主張するかもしれません。このケースは、「双方が確率計算をして数値で比較する」という同じ土俵で議論しています。したがって、折り合いがつくかどうかは別として、コミュニケーションとしては成立しているし、お互い相手の立場やいいたいことも理解できます。

一方で、作らせたくない側には数値計算するといった考え方がそもそもなくて、「こわいものはこわいんだ」「どんなに安全だといわれても心配だから嫌だ」「お前たちは信用できない」となるケースもあります。これは別に悪いことではなく、むしろ、普通はこういう感覚的な判断をするのですが、リスク情報を発する専門家は、その内容についてふだんから論理的に考えている人たちです。したがって、感覚的な判断をしがちであることなど理解できないかもしれません。

逆のケースもあります。たとえば、災害のことなど考えたことのない人たちに、その地域で発生する災害の規模や確率などを理解してもらい、その備えをしてもらう場合は、「実は結構こわいんだ」ということを伝えなくてはなりません。いずれの場合も、できる限り正しい数値が重要ですが、それに加えて、受け手側は感覚的に判断することがあるということや、信じてもらうためには、数字だけでなく信頼関係のほうが大切だということを理解しておく必要がありそうです。

そのように考えてみると、リスクコミュニケーションは、夫婦喧嘩に似ているかもしれません。

すべての女性がそうだと決めつけると怒られそうですが、私の経験上、女性と言い争いになった時の理屈っぽい説明は、逆効果であることが多いようです。自分は論理的に正しい、と考えていても、相手はそんな理屈など最初から頭にありません。とにかく感覚的にムカついているのだということを理解していないと、話は平行線をたどり、和解することは難しいかもしれません。

「次も大丈夫だろう」の危険性

よく「こわいのは○○の被害そのものよりも、人々がパニックになることだ」といわれます。たしかに非常時は人間の判断力が落ちるといわれていますし、慌てた群衆が出口などに殺到して大変な事故になるケースもないわけではありません。現に、二〇一五年一一月、テロに見舞われたパリでは、ちょっとした音に驚いてパニックになったパリ市民の映像がニュースで流れていました。

しかし逆に、パニックになるどころか、一見、冷静に映る行動が犠牲者を生むこともあります。記憶に新しいところでは、二〇一四年、韓国で転覆、沈没したセウォル号の事故です。船内の動画がニュースで流れていましたが、乗客たち（多数は高校生）は、すでに大幅に傾いた状況でも実に冷静に振舞っています。一目散に逃げ出したクルーからの待機指示や、多くの学生が泳げなかったことなどが原因として指摘されていますが、なぜ、彼らはあれだけ傾いた船内から逃げ出さず、沈んでしまったのでしょうか。当事者の高校生たちは残念ながらほとんどが亡くなっており真相はわからないのですが、私は、「正常性バイアス」と呼ばれる現象が起きていたのではないかと考えています。

自分が危機的な状況にあるということは、私たちに強いストレスを与えます。危機的な状況かどうかは、周囲の情報で判断するのですが、私たちはそのストレスを回避するために、「危機的な状況ではない」という証拠を探そうとします。これを正常性バイアスと呼ぶのです。

小中学生時代、学校で非常ベルが鳴ることがよくありました。おそらく誰かがボールをぶつけてしまったとか、イタズラで押してしまったのが原因なのでしょう、私の記憶では月に一度ぐらいは非常ベルの音が響いていた気がします。しかし、非常ベルの音を聞いて逃げようとしたり、逃げる準備をする子どもは、私も含めて一人もいませんでした。みんな「きっと誰かが間違って押しちゃったんでしょ」とか「点検か何かかなあ」と思っていたのでしょう。そして、「以前にもこんなことがあったなあ」とか「誰も逃げようとしていないから大丈夫だろう」と思いこみます。さらに先生が「大丈夫だからこのまま授業を続けます」とかいったりしたら「先生も大丈夫だといってるんだから大丈夫だろう」と思ってしまいます。つまり、みんなで非常事態ではない証拠を探し、それらしい証拠を信じようとしているのです。本当は校舎のどこかが燃えているかもしれないのに。

考えてみれば、私たちは「前にもこんなことがあったけど大丈夫」という経験をたくさんしています。世の中には危ないことがたくさん転がっていますが、多くの場合、うまいこと危険を避けたり、運がよかったりして、滅多に被害に遭いません。私たち動物は、繰り返すことで学習するようにプログラムされていますので、「危ないな」とか「心配だな」と思ったのに何も起こらなかった経験を繰り返すと、「次も大丈夫だろう」と思ってしまうのです。交差点でちゃんと一旦停止しなかったけどぶつからなかった。地震が起きて津波警報が出たけど三〇センチの津波しかこなかった。台風で避難勧告が出たけど大して雨が降らなかった。原稿の締切日が設定されていたけど二、三日遅れても何のお咎《とが》めもなかった……。

しかし、大丈夫だったのはたまたまで、次に何かが起こった時は本当にヤバいかもしれないのです。

私は「オオカミ少年」には、「嘘をついてはいけません」よりもずっと大切な教訓があると思っています。それは、「大丈夫だったことが続いても、次も大丈夫だと思い込まないほうがいいですよ」ということです。「狼が来たぞ～」という少年のセリフが「津波警報」だったらどうでしょうか。被害に遭うのは嘘つき少年ではなく、村人たちなのです。

同調行動

私たちは、自分の行動や考えが適切だったかどうか、他の人と比べることでたしかめています。危機的な状況から逃げるべきかどうかを決める場合も、近くにいる人の行動を参考にします。したがって「隣の人もまだ落ち着いているから大丈夫だろう」と思ったとしても、実は隣の人も、落ち着いている自分を見て、同じように考えている可能性があります。複数の人の行動は増幅されがちです。我先に、と逃げ始める人がいると、それを見ていた周りの人も逃げ出してくれるのですが、日本人は周囲と同調するように教育された、おとなしい民族です。誰も逃げようとしないのに、自分だけ慌てて逃げるような空気の読めない行動はなかなかできません。そんなわけで、一人より誰かと一緒にいるほうが、逃げ遅れる確率は高くなります。

秋津駅～新秋津駅間のプチパニック

このように、私たちはパニックになりやすいというより、むしろパニックになりにくい性質を持っているといえます。もちろん条件さえ整えばパニックは起きるのですが、それより

図６　西武池袋線秋津駅とJR武蔵野線新秋津駅の位置関係

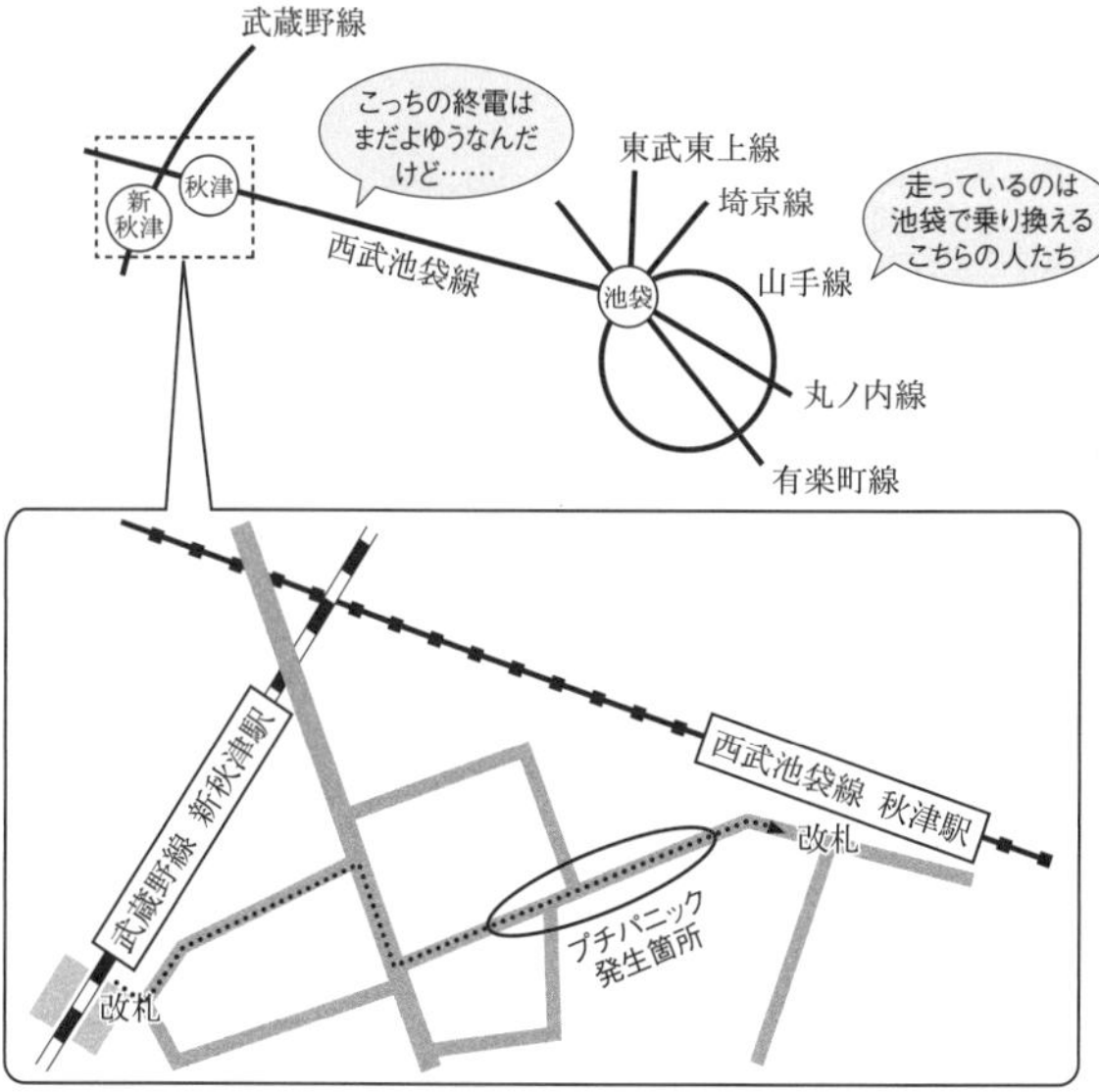

も、正常性バイアスや同調行動を心配したほうがいい場合が多いのです。

パニックになりにくい、と書いておいてなんですが、毎日のようにプチパニックが起きている場所もあります（図６）。

西武池袋線の秋津駅とＪＲ武蔵野線の新秋津駅の間は、歩いて五～六分程度の距離があります。その間の通りには立ち飲み屋さんがひしめいていて、焼き鳥の匂いに誘われて私はよく乗り換えに一時間以上かかってしまうのですが、この秋津駅～新秋津駅間で、終電の少し前にちょっとしたパニックが起きるのです。

土地勘のない方のために説明すると、この二つの駅があるのは、東京の都心から電車で三〇分程度のところ。西武池袋線は池袋という都心の駅から西にのびていて、武蔵野線は山手線のはるか外側を環状に走っている路線です。武蔵野線から西武線に乗り換える人には、三〇分ほど電車に乗ってもう一度池袋で別の電車の終電に乗らないといけない人と、そのまま西武線の終電に乗ればいい西武線沿線の人がいます。

ここで、西武線の終電ではなく、池袋から先の終電を意識した人が、時計を見ながら秋津駅に向かって走り出します。そうすると、どういうわけか、それまでのんびり歩いていた人(おそらく西武線に乗る人)も一人走り始め、二人走り始め、気づくと通りにいる人のほとんど全員が駅に向かって走っている光景を見ることができます。

誰かが走り始めると「まだ西武線の終電、大丈夫なはずだ」と思っていても「あれ? ひょっとして時刻表見間違えちゃったかなあ」とか「あれ? 今日はもしかして休日ダイヤ?」とか「俺の時計狂ってるかも」とかいろんな不安が頭をよぎります。そして、そんなことが頭をよぎっている人たちの大部分が酔っぱらいなのです。

というわけで、まだまだ終電には時間があるのに、なぜか駅まで走っちゃった経験が、私も三回ほどありますし、よく目撃もします。罪のないパニックですが、パニック発生のメカニズムを肌で感じることができます。似たような条件の駅が他の街にもあると思います。読者のみなさんも、終電間際のパニック体験ができる場所を見つけることができるかもしれません。

この章のまとめ

この章では、心配の中身や私たちの判断・行動の特徴を解説してきました。読んでいて思い当たる節や、意外に思われる部分もあったのではないでしょうか。残念ながらこの章の内容には、まだ部分的にしかわかっていないこと、体系的に整理されていないことも多く含まれています。

それでもこの章は、私たちが心配していること、つまり「敵」をよく知ることと、それと対峙している私たちの心、つまり「自分」をよく知るために重要なのです。

いよいよ次章では、さまざまなリスクの具体的な計算の実例について述べていきます。私としては、この本の中のイチオシのコンテンツです。

第四章 ——もっとも悲観的な情報が安心させてくれる

「ナッツ食べるな」「ナッツ食べろ」論争

突然ですが、先ほど（この原稿を書く直前）、ランチの時にナッツの話題が出ました。私と一緒に食事をしていたうちのひとりは、お医者さんから「ナッツは健康にも美容にも良いから積極的に食べなさい」といわれたそうです。すると、別のひとりが反論します。「いや、私はコレステロールの値が高いので、お医者さんにナッツを控えるようにいわれたよ」とのこと。結局どっちが正しいのでしょうか？

ここでの問題は、議論が「ナッツを食べる」「ナッツを食べない」の二択になっており、「どのくらい食べたらいいのか」という定量的な評価がされていないところにあります。ナッツは食べすぎても食べなすぎてもよくない、つまり「適量」があるのでしょう。そして、おそらくお医者さんはそれぞれの人にナッツを食べている量を聞き、それに応じて、あまり食べていなかった人には「もっと食べたほうがいいよ」といい、ちょっと食べ過ぎだった人には「ちょっと控えたほうがいいよ」というはずです。

この話はリスクを捉えるときにもとても重要な視点です。私たちは心配なことがあるとき、つい、「結局どうすればいいの？」とか「あるの？　ないの？」という質的な結論を求めがちです。しかし、私たちが心配しているリスクは多いか少ないかという量的な概念ですので、正しく理解するには定量的な視点を持つことが求められるのです。この章ではいろいろなリスクを定量的に捉える事例を紹介します。

本当の確率と科学的な確率

これまで、私たちがこれぐらいだと「思う確率」と、「本当の確率」があると書いてきましたが、実はこの間に「科学的な確率」というものもあります。これを説明するには「科学とは何か」を論じる必要が出てきますが、ここでは簡単に「科学とは、客観的で普遍的な真実を知ろうとすること」とでもしておきましょう。「客観的」ですから、科学者はまず自分の感情とか先入観をなるべく排除しようとします。そして「普遍的」ですから、科学者は誰が何度やっても同じ結果が出ることを重んじます。そして「真実」を知ろうとしているので、科学者は現在利用できる最も精度の高い測定方法や、あらゆる知見を利用して物事を捉えようとします。

科学者とは、このような性質とスキルを持っている人たちです。

過去のできごとは、正しい情報に基づいて計算すれば、正確な、たったひとつの確率を求めることができます。しかし、私たちが心配するリスクとは、未来に起こることです。未来の予測を一〇〇％の精度で行うことは大変困難です。どうしても誤差が生まれてしまいます。この誤差は、科学的な訓練を受けていない人が感情や主観で推測した時よりも、訓練を受けた専門家が信頼に足る情報に基づいて、客観的に推測した時のほうが小さくなります。リスクに関していわれている「科学的な確率」とは、この後者の確率のことです。

しかし、科学的な確率も万能ではありません。

未来の予測に関して、以下二つの不確実な要素があります。少し難しい話ですが、一つは、サイコロを振った時にどの目が出るのかといった「偶然によるばらつき」で、これはどんなに科学が進歩してもわかりません。もう一つは、「現代の科学ではわからない部分」です。過去によくわからなかったことが、現代の科学の進歩によってわかるようになっていきます。

つまり、科学的に計算された確率とは、現段階で完璧なものではありません。「今の科学でここまではわかる」という数値であって、「本当の確率」ではないということには注意が必要です。

なぜリスク計算をすべきなのか

昔、ある学生さんから「橋本病という病気にかかっている友達がいて、福島第一原発から漏れだしたヨウ素のことを心配しているが大丈夫だろうか」と相談されたことがあります。

私は橋本病という病名を、この時初めて聞き、どんな病気だろうかと検索してみました。どうやらヨウ素を体外に排出しにくい病気で、ヨウ素の過剰摂取をしてはいけないようです。なるほど、原発事故によって、至るところにヨウ素が降り注いでいるという話を聞いて、心配しているのだとわかりました。

こんな時、読者のみなさんは「そんな専門的なことはわからない。専門家に任せておけばいい」と思うかもしれません。ごもっともなのですが、「その通り！」といい切れない事情もあります。

なぜかというと、この橋本病の場合、まず病気に関する医学的知識が必要です。それから、原子力発電所の事故に関連しますので、原発の仕組みとか、放射性物質に関する知識とか、放射線が身体に与える影響なども知っていなければなりません。一人の人が、比較的珍しい病気に関する専門知識と、原子力発電所の構造の専門知識と、放射線物理学の専門知識を同時に持ち合わせているということは考えにくいし、そういう専門家は多分いないでしょう。ということは、専門家に分析や説明をお願いしたとしても、彼らは必要な専門知識のうち、一つか、せいぜい二つぐらいに詳しいだけだということになります。

その上科学者は、自分の発言の責任を取りたくないので、専門外の話を公式にしたがりません。私はこの本の中で、自分の専門外のこともかなりたくさん書いています。それは私がユルい性格だから、というだけではなく、リスクのことを考える上では致し方ないことだからです。もし間違ったことを書いていたらゴメンナサイと先に謝っておきますが、リスクはいくつもの専門分野にまたがっているので、自分でたしかであるだろう情報を集め、計算するしかないのです。

重要なのは、専門家なのか素人なのかということよりも、「信頼できる情報を集められるか」「正しく計算ができるか」の二点です。リスクに関するほとんどの計算は、小学校の算数程度、つまり加減乗除と分数ぐらいができれば大丈夫です。だから、ケタを間違えないように気をつければ、ほとんどの人が正しく計算できるはずです。問題は、信頼できる情報を集められるかどうかですが、こちらには少しコツがいるので後ほど詳しく解説します。

実際に計算してみよう

話を橋本病に戻しましょう。まず、ヨウ素について、ウィキペディア（Wikipedia）を見てみます。

ヨウ素は海藻に多く含まれていること、海藻を摂取しない内陸国の人はヨウ素が不足しがちになること、「ヨウ素の推奨量は成人で約130μg（マイクログラム）／日、ヨウ素の耐容上限量は約2.2mg（ミリグラム）／日」と書かれています（一マイクログラム＝一〇〇万分の一グラム、一ミリグラム＝一〇〇〇分の一グラム）。これが厚生労働省の発表の値であることもわかります。

次に「放射性ヨウ素」「放出量」というキーワードで検索してみます。多くの公式発表では、放射性物質の量を「ベクレル」という単位で発表しています。ベクレルとは「放射性物質の原子が崩壊する回数を示す単位」です。馴染みのある「グラム」など、重さによる放射性物質の公式発表は見当たりませんでした。

しかし、「放射性ヨウ素　放出量　グラム」と検索してみると、漏れた放射性物質の「重さ」に興味を持って、実際に計算しているサイトが見つかります。使っているデータや、他の放射性物資との比率などの違いから、計算している人によって結果は微妙に違いますが、福島第一原発から放出された放射性ヨウ素はおおむね、数十グラム〜百数十グラムの範囲だとわかります。他人の計算だと心配で、自分で計算したい人は「ベクレル　グラム　換算」などのキーワードで検索すれば、変換式やその出典を調べることができます。ともあれ、多少の誤差はあるにしても、放出された放射性ヨウ素の量がミリグラム単位だったり、キログラム単位だったりすることはなさそうです。

仮に、放出された放射性ヨウ素が一〇〇グラムだったとします。これまた大変大雑把な計算ですが、この全てが福島県に降ったと考えてみましょう。福島県の面積を調べると、約一万三七八〇平方キロメートルということがわかります。ここからは電卓に頼りましょう。均等に割ると、一平方キロメートルあたり〇・〇〇七グラムということになります。またまた大雑把な計算ですが、ところにより濃い薄いがありそうなので、一〇〇〇倍ぐらい濃いところがあることにしましょう。そうすると、一平方キロメートルあたり七グラムになります。一平方キロメートルは一〇〇〇メートル×一〇〇〇メートルです。つまり、一〇〇万平方メートルです。かなり濃い目の七グラム／一平方キロメートルのところでも、一平方メートルあたりは一〇〇万分の七グラムということになります。ヨウ素の摂取推奨量は一三〇マイクログラム、つまり一〇〇万分の一三〇グラムです。一〇〇万分の七グラムと比較すると、大体二〇分の一であることがわかります。

ここまで重さだけを比較してきましたが、「摂取推奨量」とは「食品として口から入る量」で、原発から漏れたのは「地面に降った量」です。同じ土俵で比べていいのかも考えてみましょう。たとえば、地面に降った放射性ヨウ素が雨で流れて、野菜などの作物に吸収され、濃縮されることはあるかもしれません。しかし、摂取推奨量は一日あたり、放出量は一回限りの値です。また、たとえ放射性ヨウ素を摂取してしまって体外に排出できなかったとしても、放射性ヨウ素は通常のヨウ素と違って、時間が経つと崩壊してなくなってしまいます。半分の量がなくなってしまう放射性ヨウ素の「半減期」は約八日ですので、八日経てば半分に、一六日経てば四分の一に、八〇日経てば一〇二四分の一になります。

ともかく、こういう計算をしてみると、原発から放出された「放射性ヨウ素」の「重量」は、橋本病の人の体に「ヨウ素」として影響を与えるほどの量にはなり得ない、ということがわかります。

相談に来た学生は、「ニュースでやたらと〝原子炉からヨウ素が放出〟とかいっているけど、このせいで友達がヨウ素を摂り過ぎて具合悪くなったりしないだろうか」と心配していたわけですが、きちんと数値化することで、とりわけ心配しなくていい（というか放射線の影響という別の問題を心配するべき）状況だとわかりました。もちろん、計算してみたら思っていたよりずっと気をつけなければいけない状況だった、というパターンもありますが、わからない部分は計算する前より減っています。心配の原因は「わからないこと」なので、「なんとなく心配だ」という感じも弱まるはずです。

大雑把だけどできるだけ安全に

ここまで私は、「甚だ大雑把ですが」という表現を何度も繰り返してきました。

これは私が大雑把な性格だからではありません。リスクの計算はどうしても大雑把にならざるをえないのです。滅多に起きないできごとの確率を計算することもあれば、よくわからないことが計算式の中に含まれていることもあります。

たとえば、交通事故や病気のような、日本のどこかで毎日のように起きているできごとは、統計情報も揃っており、比較的推測が簡単です。しかし、大地震のような自然災害や、予防接種の副作用による死亡といった、一年～数十年に一回程度しか起きないできごとの計算や予測は容易ではありません。たとえば、震度六強の地震が起こる確率は、向こう三〇年間で六～二六％といった幅を持った表現になります。この際に、幅を持ったそれぞれの変数を「できるだけ安全」に計算しておくことが重要です。あまり知られていませんが、世の中で使われている基準値や規制値などは、大雑把に安全寄りに計算されていることが多いのです。

たとえば、ある有毒物質が身体に与える影響を調べる場合、生きている人間では実験できないので、動物実験をすることになります。よくラットが使われますが、場合によってはより人間に近いサルなども使われるそうです。まず、動物に有毒物質をちょっとずつ投与していき、何らかの影響が出る直前の値を求めます。また、人間とラットでは体重が違いますから、体重あたりの量に計算をしなおします。ここまではたぶん想像どおりではないでしょうか。

しかし、このあとの計算は、かなり大雑把になってきます。人間と動物では、影響の出方が違う可能性があります。そこで、人間と実験動物の種の違いを吸収するために、非常に大雑把に一〇分の一ぐらいなら大丈夫だろうということにします。次に、お酒の強い人や弱い人がいるように、人間には個人差があって、ひょっとすると弱い人にはその有害物質の影響が大きく出てしまうかもしれません。その個人差を吸収するために、これまた大変大雑把に一〇分の一ぐらいなら大丈夫だろうということにします。種の違い一〇分の一、さらに個人差一〇分の一で、都合一〇〇分の一ぐらいなら平気でしょう、と計算します。つまり、ラットの実験で体重一kgあたり一〇〇mgまで大丈夫だった場合に、人間は一〇〇分の一の一mgを上限値にしよう、ということになります。しかもこれは「上限値」です。

この「できるだけ安全に」という考えかたは、個人的にリスク計算する際にも当てはまります。数字を調べていて、情報源によって数字が違ったり、数値に幅があったりする場合には、その中で最も悲観的な数字を使います。リスク計算は基本的に掛け算ですから、掛け合わせるそれぞれの数字が最も悲観的であれば、最終的な計算結果は、現実的な数字よりもかなり悲観的になります。そういった悲観的な値ですら、十分に小さい値だとわかれば、余計な心配は無用になります。また、心配したほうがいい情報については、最も楽観的な数字を使うのも手です。たとえば、最も楽観的な計算をしても、タバコを吸い続けることは非常に危険だとわかれば、禁煙に成功するかもしれません。

信頼できるウェブページの見分けかた

専門家ではない私たちが調べる上で気をつけなければならないこと、それは世の中に溢れる「嘘っぽい情報」です。私たちは嘘っぽい情報と、たしからしい情報を、どのように見分けたらよいのでしょうか。

最近はインターネットで、簡単に情報を調べられます。一方、個人も気軽に発信ができるインターネットには、あまりたしかではない情報も混ざっています。個人の情報発信が間違っていて、公官庁、企業、マスメディアなどが発信する情報が必ずしも正しいというわけではありません。ただ、公官庁、企業、マスメディアなどは社会的責任が大きいと考えると、嘘っぽい情報が混入している確率は低くなるでしょう。したがって、非常に乱暴なやりかたですが、まずは個人サイト以外から情報を集めることが有効な手段になります。個人サイトかどうかは、ドメインを見れば簡単に見分けがつきます。ドメインとは、URL（ページのアドレス）の「http://www.」の後に続いている文字列です。

たとえば、国土交通省のドメインはmlit.go.jpです。jpの前のgoはガバメント(government)の頭二文字で、政府系のドメインであることを示します。練馬区役所はwww.city.nerima.tokyo.jp、警視庁はwww.keishicho.metro.tokyo.jpです。たとえば、私が以前住んでいた石神井《しゃくじい》警察署管内の交通事故統計情報は、http://www.keishicho.metro.tokyo.jp/10/shakujii/kotu/kotu.htm に掲載されていて、これの最初の部分を見ると，警視庁のドメインであることがわかります。

では、個人によるホームページは、情報源として使えないのでしょうか。私は必ずしもそうは思いません。公官庁のページの見た目は、あまり親切でないことが多く、探したいデータが見つけにくい場合もあります。悪意を持ってわかりにくくしているのではなく、情報を網羅的に載せることで、そのような見た目になってしまうのです。一方、個人のホームページは、作った人がどこかから情報を拾ってきているので、そのものズバリの数字にたどり着きやすい利点があります。問題は、その数字が信頼に足るかどうかです。ここで、「このサイトの情報大丈夫かな?」と思った時にチェックすべきポイントを四つ挙げておきます。

1　データの出典が明記されているかどうか。
2　結論ありきではなく中立的で客観的な立場を取ろうとしているかどうか。
3　身分を明かして、訂正を受け入れる用意があるかどうか。
4　ほかのサイトと書いてあることが違いすぎないかどうか。

1の「出典」とは「情報の出どころ」のことです。交通事故が何件とか、放射線が何ベクレル観測されたとか、「○○が危険だといわれている」など、どこか別のところから情報を持ってくることを「引用」といいますが、引用元の情報は、誰が何に書いた（いった）ものなのか、その元の資料にたどり着けるように書かれているかをチェックしましょう。他のサイトのURLや、本及び論文のタイトルや著者、つまり出典をはっきり書いていることは、「私は嘘をついていないので、疑う人はどうぞたしかめてください」という姿勢の表れでもあります（ただし、引用している元の情報が正しいかどうかはまた別問題なので、同じようなチェックが必要です）。

次に、全体の論調が感情的で、初めから結論が決まっている書き方をしている場合も危険です。「〇〇が恐ろしい」とか「〇〇であるべきだ」と言った表現が多用されているサイトは要注意です。また、被害者の手記とか写真などが多用されている場合も気をつけなければいけません。もちろん、こういう情報発信が悪いということではなく、客観的データを集める情報源としては気をつけようという意味です。こういったサイトでは、客観的な情報発信よりも、情報の受け手の感情やイメージに訴えることを重視している場合があります。被害者が〇人とか、有害物質が何グラムといったように、数字で書かれていると客観的な印象を受けがちですが、中立的であるとは限りません。たとえば、予防接種は受けないほうがいい、と主張する場合、予防接種の副作用による死者数を載せるだけではフェアな比較はできません。フェアな比較をするためには「予防接種の副作用で亡くなった人÷予防接種を受けた人」と「予防接種の対象の病気で亡くなった人÷予防接種を受けなかった人」を比べる必要があります。

サイトに載っている情報の作成者が全くの匿名の場合も信頼性が下がるかもしれません。本名を明らかにする必要はありませんが、少なくともメールフォームなど、その人に連絡を取る方法が示されていない場合は、批判を受け入れる用意がないということですから、無責任な発言である可能性も高まります。

最後に、個人のサイトから情報を取る場合は、必ず複数のサイトを比較してください。一○サイトぐらいをザッと見て、明らかに異質な情報が書かれている場合は注意が必要です。また、予防接種のように、反対派、賛成派がそれぞれたくさんいる場合には、両方の立場のサイトを複数見比べて、判断する必要があります。どちらか一方の情報ばかりを見てしまわないためには、検索をする時に感情的な単語とか、結論めいた単語を入れないようにしてください。たとえば「予防接種　こわい」とか「予防接種　受けるべき」といった検索用語を入れてしまうと、前者では「予防接種こわい派」のページばかりが、後者では「受けたほうがいい派」のページばかりが出てきてしまいます。

このように、検索用語によってたどり着くページに偏りがでることで、世の中には自分と同じ意見の人がたくさんいると錯覚するのもインターネットの問題点の一つです。たとえば予防接種の客観的な危なさを知りたければ「予防接種」という単語と共に「リスク」とか「確率」とか「統計」といった単語を入れて、人の「意見」ではなく「数字」を探す必要があります。

「○○知恵袋」などのQ＆A形式のサイトの情報も基本的に見分けかたは同じです。この場合は、サイトそのものではなく、回答ひとつひとつを四つのポイントでチェックして判断しましょう。

ウィキペディアは信用できるか

ウィキペディアの項目数はとても多く、いろんな言葉を探すことができます。信頼性もそこそこ高いので、よく利用されていますが、その仕組みはあまり知られていません。

ウィキペディアは世界中の人たちが記入、加筆、編集することで成り立っている百科事典です。項目を新たに立てるのも、その内容を書くのも、間違いを訂正するのも、アカウントを作れば誰でもできます。つまり世界中の人が作りつつある百科事典なのです。

誰でも編集できるなら、嘘や間違いが書いてあると思われがちで、ウィキペディアをレポートの引用元にすることを禁止している大学の先生もいます。しかし、内容は世界中の人に読まれていて、誰かが嘘や間違いを見つければ、すぐに訂正される仕組みです。

一方、旧来の百科事典は、知識のある専門家が書いており、出版社の内容チェックを経てから世に送り出されます。ミスは別として、悪意を持って間違いが書かれることはなさそうです。

間違いが掲載される確率は低いが、それが修正される可能性が少ない紙の書籍と、間違いが掲載される確率は高いが、それが修正される確率も高いオンラインの情報、私はどっちもどっちだと思っています。重要なポイントは、どちらを用いるにせよ、ちゃんと仕組みを知ることと、その情報の正確性を、他の資料などと比較することかもしれません。

学術論文とは何か

科学者がいう「論文」とは、学術論文のことを指します。科学の世界の視点では、学術論文には最もたしからしい情報が書かれているといえます。他の文章と何が違うかというと、学術論文は学会に所属する複数の専門家によって、入念にチェックされてから世に出ている点です。つまり、学会が「お墨付き」を与えた文章です。

もちろん、学術論文には絶対に嘘が書かれていないわけではありません。考古学者が出土品を捏造したり、生物学者が細胞の写真を使い回したりして、それを査読者（論文をチェックする人）が見抜けなかった例もあります。また、研究者に悪意はなくても、科学が進歩した結果、のちに間違いだったことがわかる論文も少なくありません。だから、一〇〇％鵜呑みにするのはよくないのかもしれませんが、他の情報源に比べたら、学術論文には本当のことが書かれている可能性が高いと考えてよいでしょう。

論文というとハードルが高い読み物のように感じるかもしれませんが、もし心配な対象を調べる際、学術論文が出典になっていたら、試しに取り寄せて読んでみてください。ちょっと小難しいのは事実ですが、たいていの論文は十ページ以下なので読むのにそれほど時間はかかりません。

この章のまとめ

適度に心配するためには、心配の対象であるリスクを定量的な数字にする必要があります。いろいろな分野の専門知識が必要なリスクの計算は、自分で調べる必要があります。

計算をする際、インターネットはとても手軽で有効ですが、正しい情報を見分ける必要があります。公の機関が出しているサイトは個人サイトより信頼できる可能性が高そうです。個人サイトでも、データの出典が明記されていて、中立性を保っていて、批判の用意があるところはそこそこ信頼できるでしょう。ウィキペディアもさしあたりの情報を調べるには情報量が多く有効だと思います。インターネットの情報はほとんど無料なので、どの情報源を使うにせよ、たくさん入手してください。そして、いくつか見比べてチェックしましょう。インターネットの他に「論文」という信頼性の高い情報源もあります。ちょっと面倒ですが、チャンスがあれば読んでみることをおすすめします。

リスクの計算には分母（リスクに晒されている総数）と分子（実際に被害を被った数）が必要です。比較をしたい場合には、比較対象にも分母と分子が必要なので、数字が四つ必要です。また、リスクの計算には誤差やよくわからないことがたくさん混入します。だから、よくわからない部分は安全寄りの想定で計算することをおすすめします。

次の章でも計算の実例をいくつかご紹介します。みなさんもこれを参考に心配なことを計算してみましょう。

第五章

実践！　心配計算学講座

計算の実例

前章では、リスクに関する情報の集め方をご説明しましたが、この章ではみなさんと一緒に、具体的にリスクを計算していきたいと思います。

読者のみなさんも、この計算例を参考に、自分が心配していることの具体的なリスクの値を調べてみてください。

1　日本脳炎の予防接種は受けなくていい？

二〇一三年、日本脳炎の予防接種の副作用で子どもが亡くなったというニュースがありました。私の娘が予防接種を受ける直前でしたので、親としては当然心配になります。そこで、日本脳炎の予防接種を受けるリスクと、受けないリスクを比較してみました。

はじめに、日本脳炎という病気についてウィキペディアを見ると、感染者の〇・一～一％程度しか発症しないこと、発症した場合には致死率が約三〇％程度であることがわかりました。また、発症者の半数以上は麻痺などの重篤な後遺症が残ること、蚊を媒介として感染すること、日本と韓国では予防接種が行われており感染者は少数だが、海外には多くの感染者がいること、豚にも感染することなどもわかります。国立感染症研究所のホームページにもおおむね同じことが書かれていました。

一方、子どもが亡くなったニュースが掲載されているページには、現在使われているワクチンは二〇〇九年から使われているもので、これまでにおよそ一四〇〇万回接種されたという情報があります。そして、そのうち二名が副作用で亡くなっています。また、日本脳炎ワクチンの予防接種は一回ではなく、一人四回受ける必要があることもわかります。

ここまでの情報で、予防接種を受けるリスクの計算ができます。一四〇〇万回接種された中で、亡くなったのは二名ですから、そのリスクは一四〇〇万回分の二人ということになります。ただし、予防接種を四回受ける必要があるので、この値を四倍すると一七五万分の一という値が出てきます。予防接種は一生で四回しか受けないので、これが生涯のリスクです。

次に予防接種を受けない場合のリスクを考えてみましょう。国立感染症研究所のホームページには日本脳炎に関する古い統計情報が掲載されており、日本で予防接種が始まる前のデータがあったので、これを使うことにしましょう。

予防接種が始まる直前の一九六六年の国内の日本脳炎患者数は二〇一七人、死者は七八三人です。当時の日本の人口は九九〇〇万人です。豚や蚊の生息域や、年齢による致死率の差

図７　日本脳炎の予防接種

予防接種を受けるリスク

$$\frac{2\text{人（2回）死亡}}{1400\text{万回}} = \frac{1}{700\text{万}}$$ ………（予防接種１回あたり）←実例から計算

予防接種は４回受けるので……… $\frac{4}{700\text{万}} = \frac{1}{175\text{万}}$ ←これは一生分のリスク

予防接種を受けないリスク

$$\frac{173\text{人死亡（1966年当時）}}{9900\text{万人（当時の日本人口）}} \fallingdotseq \frac{1}{13\text{万}}$$ ………←ただしこれは１年間のリスク

1966年当時の状況下で80年生きると……… $\frac{80}{13\text{万}} = \frac{1}{1600}$

いい加減ポイント：実例数が２なので、増減がある。1966年と現在では感染者や医療体制などが違う。

出典：国立感染症研究所のデータを元に筆者作成

などを考慮せず、大雑把に割り算をすると、一三万人に一人が日本脳炎で亡くなったことになります。この時点ですでに「予防接種を受けないリスク」が、「受けるリスク」を上回っていますが、このリスクは生涯のリスクではなく、一年間のリスクだということに注意が必要です。「受けるリスク」は、生涯のリスクだったので、それに合わせて計算しなくては比較できません。仮に八〇歳まで生きるとして、この値を八〇倍します。これで二つのリスクを同じ土俵の上に乗せることができました。予防接種を受けた場合の死亡リスクは一七五万分の一、受けない場合の死亡リスクは一六〇〇分の一、その差はおおよそ一〇〇〇倍です。

この計算にはいい加減な部分があることも付け加えておきます。たとえば、予防接種を受けるリスクの分子は二なので、あまり精度が高くありません。この値が二〇とか二〇になる可能性はあまりありませんが、たまたま二だっただけで、四とか〇になる確率は十分に考えられます（一方受けないリスクの分子は七八三ですので、これが倍や半分になることはまずありません）。

それから、予防接種を受けないリスクについても、現在は多くの人が予防接種を受けており、一九六六年当時よりも感染者が少ない分、感染リスクも低くなる点、医療体制や栄養状態も現代とは異なる点など、誤差を生み出す要因があります。

しかし、予防接種を受けるリスクは、受けないリスクのおおよそ一〇〇〇分の一です。誤差がそれぞれ一〇倍ずつあったとしても、日本脳炎に関して、予防接種を受けるリスクが受けないリスクを上回るとは考えにくそうです。

とはいえ、私も娘に日本脳炎の予防接種を受けさせる時は、少しドキドキしました。どんなに冷静なリスク計算をしていても、心配なものは心配なのです。でも計算したおかげで、自分は娘のためによりよい選択をしたんだと思うことができました。

す。

2 授乳中・妊娠中のアルコールは危険なの？

お酒好きのお母さんたちにとって、妊娠中や授乳中のアルコールの影響は気になる話題です。

飲まないに越したことはないのですが、酒好きにとって、飲めないストレスはなかなかのものです。

お腹の子どもに影響がないか心配であっても、飲めるものなら飲みたいというのが酒飲みの心理です。飲まない人は、「妊娠中や授乳中にお酒を飲むなんて、我が子への愛情はないの？」と思うかもしれません。しかし、心配しているお母さんたち本人も、お母さんに意見したい人たちも、血中アルコール濃度など客観的な数字に基づいた判断はあまりしていません（先に断っておきますが、私は妊娠中や授乳中の飲酒を推奨しているわけではありません）。

ここではまず授乳中のアルコールについて考えてみましょう。お酒を飲んだ際の血中アルコール濃度は、体重でほぼ決まります。お酒に強いか弱いかの個人差はありますが、同じ体重であれば、血中アルコール濃度は飲んだアルコールの量にほぼ比例します。

アルコールは胃や腸で吸収されます。蒸留しないお酒のアルコール濃度は、ビール五％程度、ワイン一二％程度、日本酒一五％程度。蒸留してあるお酒は焼酎二〇〜三〇％、ウイスキー、ブランデー、ウォッカなどは四〇％程度、一部の中国酒は六〇％を超えるようなものもありますし、スピリタスという九〇％もあるお酒もあります。ただし、蒸留酒をストレートで飲む日本人はあまり多くなく、実際はこれより低い濃度で胃腸に入りますし、塩だけをつまみに飲むような人を除いては、たいてい何か食べ物を一緒に食べるので、胃腸の中の濃度は、これよりもだいぶ下がります。

胃腸から吸収されたアルコールが流れる血管はまず肝臓に接続され、ここで大部分が解毒されます。そして、残ったアルコールが血液中に放たれて、さらに血液で薄められます。体重が重ければ、薄める血液が多くなり、血中アルコール濃度は低くなります。

酔っ払い具合は、血中アルコール濃度で決まります。

飲酒量と血中アルコール濃度の関係は、酒造メーカーのホームページなどに詳しく載っています。血中アルコール濃度が〇・〇五～〇・一％程度の時がほろ酔いで、この辺りまでが適正な飲酒量といわれています。〇・〇五％はビールの五％の約一〇〇分の一です。血中アルコール濃度が〇・三～〇・四％程度になってくると泥酔状態、〇・五％程度になると昏睡に陥って、場合によっては死んでしまうそうです。〇・四％は濃い目の蒸留酒のやはり一〇〇分の一程度の濃度です。血中アルコール濃度は、胃腸の中のアルコール濃度に比べて、ざっと二桁ほど小さいといっていいでしょう。

母乳は母親の血液から作られます。血液中のアルコールは母乳にも影響しますが、母乳のアルコール濃度の最大値は、母親の血中アルコール濃度の最大値を上回ることはないそうです。仮に両者が同じだとして、泥酔したお母さんが、新生児に母乳を飲ませた場合を考えてみましょう（そういうお母さんは多分いないと思いますが、最も危険なケースを想定しています）。血中アルコール濃度は次の計算式で計算できます。

血中アルコール濃度（%）＝｛飲酒量（mℓ）×アルコール濃度（%）｝÷｛体重（kg）×八三三（係数）｝

新生児の一回の授乳量は約六〇mℓで、体重は三kg前後です。泥酔状態のお母さんの血液と同じ、アルコール濃度〇・四%の母乳を六〇mℓ飲んだとして計算してみましょう。そうすると赤ちゃんの血中アルコール濃度は約〇・〇〇九%になります。これはほろ酔いの下限値〇・〇五%のおよそ五分の一です。現実的な設定として、お母さんがほろ酔いだった場合にはさらにこの五分の一～一〇分の一程度になります。また、赤ちゃんは三カ月でおよそ倍の体重に成長するので、仮に三カ月後に計算すると、さらに半分の値になります。もちろん、乳幼児は大人よりもアルコール耐性が低いでしょうし、成長過程にあるので、体への悪影響も大人よりも高そうです。誉められたことではありませんが、適正範囲内のお酒を飲んで授乳したとしても、赤ちゃんはほろ酔いにすらならない、というのが事実です。

次に妊娠中の飲酒について考えてみましょう。

妊娠中、赤ちゃんはお母さんの胎盤を通じて栄養を受け取ります。胎盤経由で栄養をやりとりしている時、赤ちゃんの血中アルコール濃度はお母さんの血中アルコール濃度に近い値まで上昇するそうです。

仮に妊娠中にお母さんがほろ酔いになったとすると、赤ちゃんの血中アルコール濃度もほろ酔いレベル（〇・〇五～〇・一％）になってしまうわけです。

お母さんの血中アルコール濃度がほろ酔いレベルの〇・一％だったとして、妊娠中の赤ちゃんの血中アルコール濃度は約〇・一％、授乳中は約〇・〇〇二％。その差はおよそ五〇倍です。

しかし、ほとんどのお母さんやその周りの人たちは、妊娠中の飲酒と授乳中の飲酒をほぼ同列に扱い、同じように心配したり、同じように批判したりしています。

繰り返しますが、どちらも誉められたことではありません。しかし、正確には授乳中の飲酒の「誉められたことではない度合い」は、妊娠中の飲酒のおよそ五〇分の一程度です。良し悪しはさておき、きちんと数値計算をしてみると、「どちらがマシなのか」がはっきりするのです。

3　携帯電話を使うと脳腫瘍になるの？

二〇一一年に携帯電話を使っていると脳腫瘍になる、というニュースがありました。しかも、医学論文を基にしており、なんとなく信憑性がありそうです。でも、あのニュースから数年経った今、脳腫瘍の患者が急増している話は聞いたことがありません。

実際のリスクはどれくらいなのでしょうか。当時、私もちょっと心配になって、計算したことがあります。その時のメモを見つけたので、順を追って解説していきましょう。

まず、報道の元となったのは「一日三〇分程度通話する人の、神経膠腫《こうしゅ》の発生率が約一・四倍になる」というデータを示した論文です。査読を経た学術論文に書かれた情報なので、そこそこ信頼性があると考えてよいでしょう。

さて、ここから私は例によってインターネットで調べ物をしてみました。

まず「神経膠腫」という病気がよくわからなかったので、これについて調べました。その結果を見てみると、「神経膠腫は転移性を除いた脳腫瘍の三〇％を占める」という情報が得られました。なるほど、脳腫瘍には転移するものと、そうでないものがあるようです。

次に、三〇％の分母を調べてみました。そうすると「転移性を除いた脳腫瘍は、国内で年間約三〇〇〇例程度」という情報に行き着きました。このうち三〇％、つまり国内で、一年間におよそ九〇〇例の神経膠腫が発症していることになります。今年は三〇分以上通話している人は一人もいなくて、来年は国民の全員が三〇分以上通話した、という極端な状況を仮定した上で、最初の論文のデータを適応してみると、国内の九〇〇例の神経膠腫は一・四倍の一二六〇例になるということです。その差は三六〇例、つまり、一億二〇〇〇万人の国民の神経膠腫になるリスクが三〇〇万分の一だけ上がる、ということです。

念のため通話時間も調べてみました。

当時調べた二〇〇九年時点の統計を見ると、携帯電話からの通話時間は全部で一九億時間、これを一億二〇〇〇万人で割ると年間約一六時間になります。これは発信時間で、通話するには基本的に相手がいますので、二倍にします。もちろん相手が固定電話の場合もありますが、固定電話から携帯に発信する場合もあるでしょうから、ここでは例によって大雑把に二倍としておきましょう。

　年間三二時間ですから、これを一日あたりに換算すると、おおよそ五分程度になります。報道された「一日三〇分」という通話時間の、約六分の一です。元の論文をちゃんと読んでいないのでわかりませんが（↑なんて書くと怒られそうですが、リスクが三〇〇万分の一しか上昇しないとわかった時点で、本気で調べる必要性を感じなかったのだと思います。それでも心配な方は論文を探して調べてみてください）、この手の論文の「一日三〇分」というデータはおそらく、レントゲンのところで登場した「しきい値」でしょう。つまり、これより短い通話時間では影響が見られないということです。通話時間が人によってどのくらいばらつくのかわかりませんが、少なくとも一日の平均通話時間が三〇分に満たない大部分の人は、あまり心配する必要がなさそうです。

　では、毎日一時間ぐらい電話する人はどうなのでしょうか。この人たちはリスクが一・四倍になる可能性を持った人たちです。三〇分で一・四倍ですから一時間、二時間と時間が増えれば二倍、三倍のリスクになっても不思議ではありません。でもよく考えてみてください。もともとのリスクは一億二〇〇〇万分の九〇、つまり一三三万分の一です。これがたとえ三倍になったとしても四四万分の一にしかなりません。

この数字は、交通事故による死亡リスクの一〇分の一以下です。携帯電話で脳腫瘍になることを心配するよりも、歩きスマホなどで車に轢《ひ》かれないように一〇倍気をつけたほうがいいことになります。

4　BSEのリスクはどれくらいだったの？

BSEが話題になったのは二〇〇〇年代初めなので、ひょっとすると若い読者の方はこのニュースをご存知ないかもしれません。イギリスで流行したのですが、この病気にかかった牛の肉を食べた人も感染してしまうといわれていました。しかも、ウイルスではなくタンパク質を介して感染するので、煮ても焼いてもダメで、一度発症すると治療できなかったりと、当時とてもこわがられた病気です。そこで日本はまず牛肉の輸入を禁止しました。その後BSEに感染していないか全頭検査した場合に限り、輸入を認める措置を取ります。さらに、国内でも感染牛が出て大騒ぎになりました。この影響で、牛丼チェーンは牛丼に代わって豚丼を提供。輸入禁止後、最後の牛丼を巡って客同士の殴り合い事件まで発生しました。私が住んでいた石神井公園の吉野家も閉店することになり、ショックを受けたことを覚えています。ちなみに、BSE騒動以前の吉野家のメニューは、サイドメニューを除くと牛丼と牛皿のみでした。現在のようにメニューが豊富になったのは、この騒動がきっかけだったともいえます。

さて、このBSE、実際のリスクはどの程度だったのでしょうか。

これも当時、私が調べたメモを元にご説明していきましょう。

BSEが流行したイギリスでは、約一八万五〇〇〇頭の牛が感染したそうです。そして、人間の感染者は一四七人でした。当時のイギリスの人口は、日本の半分のおよそ六〇〇〇万人です。つまり当時のイギリスで、人間がBSEに感染する確率は、ざっと四〇万人に一人だったということになります。

日本ではどうだったのでしょうか。日本では騒動以降、牛肉の輸入禁止措置が取られたものの、感染牛は三六頭確認されています。感染牛の数はイギリスの五〇〇〇分の一です。

イギリスと同じ条件で、かなり大雑把な確率計算をしてみます。イギリスの感染確率は四〇万分の一でしたが、日本には感染源であるBSE感染牛がイギリスの五〇〇〇分の一の数しかいなかったので、日本人の感染確率は二〇億分の一になります。日本の人口約一億二〇〇〇万人を分母に持ってきても、感染者数は〇・〇六人にしかなりません。

もちろん、これはかなり適当な計算です。そして、今回はあまり安全寄りにしていません。

なぜかというと、実はイギリスのほうがリスクが高くなる要因があるからです。

たとえば、日本人一人あたりの牛肉消費量は、ＥＵの三分の二程度です。また、日本人は牛の肉を中心に食べますが、欧米人は肉以外の臓器も好みます。ＢＳＥは肉よりも臓器のほうが感染しやすいとされており、イギリスのほうが感染リスクは高くなります。

また、日本のＢＳＥ騒動は、欧州よりも遅れて発生しています。ＢＳＥに対する当時の厚生労働省の対応に批判があったものの、それでも欧州の先行事例を参考に対応しやすかったはずで、日本のリスクは相対的に低くなります。結果的には、日本人の感染者は一人。ただし、この方は日本に住んでいなかったそうなので、国内での感染者はゼロということになります。ほぼ計算通りです。

ここでよくわからないのは、当時の日本が、アメリカからの牛肉の輸入もストップしたことです。アメリカで感染が確認された牛はわずか二頭。日本国内のほうが多い（三六頭）わけですから、確率的にはアメリカから輸入した牛肉のほうが安全だった気がします。当時アメリカは「非科学的だ」と、日本が要求した全頭検査に応じませんでした。これが、日本が輸入禁止に踏みきった原因のようですが、このように計算してみると、アメリカの言い分に説得力がありそうです。

アメリカの言い分は、「その程度の極めて小さいリスクを避けるために、全頭検査という非常に大きいコストをかけるのは合理的ではない」ということでしょう。文化の違いや、輸出国と輸入国の立場の違いもありますが、「心配」している日本人の消費者に対して、アメリカは科学的なデータに基づいた説得を試み、失敗しました。リスクコミュニケーションの失敗例のひとつです。

余談ですが、松屋、すき家は先行して、BSE感染のなかったオーストラリア牛を使って牛丼の販売を再開。しかし、吉野家だけは、「穀物を食べて育ったアメリカ牛じゃないと牛丼の味は出せない」との理由で、輸入解禁まで再開しませんでした。吉野家石神井公園店が閉店してしまったのはちょうどこの頃でしたが、劣勢に立たされながらも味を守った吉野家の決断は大したものだなと思います。もともと私は、「牛丼は吉野家派」でしたが、ますます吉野家が好きになりました。

5　シートベルトをしている助手席としていない後部座席、どっちが安全？

二〇〇八年、後部座席でのシートベルト着用が義務化されました。ただ、一般道路ではまだ罰則がないので、ほとんどの人は着用していないようです。そこには、面倒だという理由もあるのでしょうが、「後部座席は、運転席や助手席に比べて安全だ」という思い込みもあるのではないでしょうか。

しかし、後部座席は本当に安全なのでしょうか。

当たり前のことですが、ドライバーが乗っていない車は走ることができません。つまり、車の座席の中で、最も利用頻度が高いのは運転席です。タクシーや社用車では、運転席と後部座席が利用されるパターンもありますが、友達同士、夫婦、恋人などは通常、運転席と助手席に座るでしょう。運転席の次に利用頻度が高いのは、助手席だといえそうです。したがって、後部座席の利用頻度はあまり高くありません。車の席ごとに利用頻度が違うのであれば、それぞれの席の死亡者数を比べても意味がなくなります。どの座席が安全で、どの座席が危険なのかを調べるには、各座席に乗っている人あたりの死者数、つまり死亡率を比較する必要があります。

次ページの表は数年前のデータですが、私が警察庁のホームページの統計情報をまとめ直したものです。シートベルト着用・非着用別、着座位置別の死亡・重症・軽症者の一覧で、右から三列目に致死率（死亡率）があります。

最新のデータと数値の微妙な違いはありますが、傾向はおおむね同じです。死亡率の列の

表　シートベルト着用時／非着用時の座席別死亡率

シートベルト	座席	死者	重傷者	軽傷者	計	致死率	死亡重症率	車外放出率
着　用	運転席	360	9011	398375	408016	0.15	2.37	0.32
	助手席	125	2141	78522	80788	0.15	2.8	0.8
	後部席	58	592	34956	35606	0.16	1.83	1.72
非着用	運転席	542	926	5152	6620	8.19	22.18	13.28
	助手席	66	270	2643	2979	2.22	11.28	16.67
	後部席	128	1159	21818	23105	0.55	5.57	25

出典：警察庁ホームページのデータを元に筆者作成

下三行を見ると、シートベルトをしていない状態であれば、後部座席の致死率は運転席の約一六分の一なので、後部座席は安全であるように見えます。しかし、シートベルトをしている運転席とシートベルトをしていない後部座席を比べると、シートベルトをしていない後部座席のほうが約四倍も致死率が高いことがわかります。「後部座席はシートベルトをしなくても安全」とは、まさに思い込み、勘違いだとおわかりいただけたでしょうか。

せっかくシートベルトの話が出たので、もう一つシートベルトと物理法則に関係する話をご紹介します。

表の一番右の列からは、シートベルトの有無にかかわらず後部座席は運転席・助手席より、車外放出率が高くなることがわかります。車の部品で一番重いエンジンは、ほとんどの場合、車体の前方にあります。したがって車の重心は、前に片寄っているのです。

高速道路などでスピンした車は、前方の重心を中心に回転します。運転席・助手席は重心から近いので、あまり大きな遠心力は働きません。一方、後部座席には強い遠心力が働きます。だから、同じ車で同じようにスピンしても、後部座席の人のほうが、外に投げ出される可能性は高くなります。

6　食品添加物はどれくらい摂るとヤバいの？

「食品添加物＝悪いもの」というイメージが浸透しているようですが、実際にはどうなのでしょうか。ここでは個々の添加物の話ではなく、食品添加物の「使用量」がどのように定められているかを紹介しましょう。

私たちにとって、カロリー摂取（食べること）は、生命を維持するために不可欠です。ですから、食品添加物の影響がこわいから、あるいは、食中毒が心配だからという理由で「何も食べない」という選択肢はあり得ません。私たちは何か食べなければいけないのですが、食品添加物のリスクを心配しすぎると、今度は別のリスクを負うことになります。

ほとんどの食べ物は放置しておけば腐ります。腐った食べ物を食べれば、お腹をこわしてしまいます。一方、食品添加物の中には、腐敗を抑えてくれるものがあります。腐敗を抑える食品添加物を使わなければ、食中毒のリスクが上がることになります。したがって、自分にとってのリスクを考える場合は、食品添加物が身体に影響を与えるリスクと、食品添加物によって抑えられている食中毒のリスクを天秤にかける必要があります。

余談ですが、食品の腐敗を抑えるために添加される物として、最も古くから使用され、最もポピュラーなものは塩です。塩漬けにしておけば、食品は腐りにくくなります。しかし、塩を摂取し過ぎると、高血圧など病気のリスクが高まります。戦後、日本人の寿命が延びたのは、冷蔵庫の普及によって、食品保存のための塩分使用量が減ったからだという説もあるほどです。

食品添加物の実際のリスクについて、話を戻します。

「食品添加物」「基準」などのキーワードで検索すると、厚生労働省のホームページがヒットします。ここには「厚生労働省は、食品添加物の安全性について食品安全委員会による評価を受け、人の健康を損なうおそれのない場合に限って、成分の規格や、使用の基準を定めたうえで、使用を認めています」と書かれています。この文言を額面通りに読めば「しかるべき機関の評価に基づいて健康に影響がないものだけが使われている」ということです。少し意訳しすぎかもしれませんが、「食品添加物には健康を害するリスクはない」とも読めます。

ここでまず「食品安全委員会」を検索してみると、内閣府の組織であること、二〇〇人ほどの専門家が所属していること、実験などをやるのではなく国内外の研究情報を取りまとめて評価を行うらしいことがわかります。

その食品安全員会では、それぞれの食品添加物について、「一日摂取許容量（ＡＤＩ）」という値を算出しています。そして、スーパーなどで一日分の食品を購入し、その全体の中に含まれる食品添加物の合計量を調べる「マーケットバスケット方式」という方法によって、食品添加物の総量がＡＤＩを超えないかどうかを検証しています。

ＡＤＩは、前述した「大雑把に」「できるだけ安全に」算出されます。つまり、動物に食品添加物を摂取させて、その動物の健康に影響が出ないギリギリの量を調べ、人間と動物の差を考慮して一〇分の一にして、さらに人間の個人差を考慮して一〇分の一にした値をＡＤＩとして定めます。

「自分は偏食なので、マーケットバスケット方式では心配だ。もっとたくさん食品添加物を摂ってしまっているかもしれない」。そう思われる方もいるかもしれません。

しかし、安心してください。いや、心配してください。

おそらく食品添加物の影響よりも、偏食によって健康を害する可能性のほうがずっと高いはずです。まずは偏食を見直すようにしてください。

余談ですが、世の中には見逃されている毒物がたくさんあります。毒物というと、ドキッと心配なさる読者もいるかもしれませんが、ご安心ください。そんなにこわい話ではありません。いや、こわい話かも。

先ほど書いた動物実験は、人類が新たに創りだした化学物質や、ある用途（たとえば食用）に、これまで使われていなかった物質を新たに使う場合に行われます。

大昔から馴染みがあって、既に社会生活の一部になっている有害物質は、このような実験はなされません。その代表がアルコールです。

注射をする前に皮膚をアルコールで消毒するのは、アルコールに強い殺菌作用があるからです。菌を殺せるわけですから、毒性があるということです。殺虫剤などの中には人間にはあまり作用しないものもあるようですが、アルコールは人間にも作用します。食品添加物は、普通の生活であれば動物実験で影響が出始める量の一〇〇分の一以下しか摂取しないように調整されていますが、アルコールはたとえ少量でも、継続的に飲み続けると体に悪影響をおよぼします。少量の摂取であれば気持ちよくなる程度ですが、大人がおおよそウイスキー一本を短時間に摂取すると死に至ります。酒屋さんには、何人もの人間を殺害できるだけの毒物が備蓄されている、ともいえるわけです。

アルコールの他にも市販されている「毒物」はたくさんあります。

塩、砂糖などは、短時間の多量の摂取、あるいは、長期間の継続的摂取によって身体に悪影響を与えます。さらにいえば、どんな食品でも食べ過ぎれば、肥満や生活習慣病になる可能性が高くなるわけです。食品とは、「適量を超えれば悪影響をおよぼすもの」だといえます。

私たちは、よく知らない、あまり馴染みのないものをこわいと感じます。聞いたこともない食品添加物はその典型ですが、これらは動物実験などを経て含有許容量が決められています。長期的に毎日摂取しても影響が出ない量の、さらに一〇〇分の一が上限なのですから、基本的にはほとんどこわがる必要のないものなのです。

7　切り干し大根のカロリーを計算してみたけれど……

私は一時期ダイエットのために、カロリー計算をしていました。効果の程はさておき、おもしろいことに気づきました。

切り干し大根がやたらと高カロリーなのです。いや、そんなはずはない、切り干し大根はとてもヘルシーな食品のはずだ、と思っていろいろ調べてみると、その原因がわかりました。私がカロリー計算の時に参考にした資料では、煮る前の、乾物の状態での重さあたりのカロリーが書かれていたのです。乾燥わかめのように、乾物は水で戻すととても大きくなります。大量に水を吸うので、重たくもなります。豆類や麺類で三倍前後、きくらげやひじきなどで七〜八倍程度、わかめはなんと一五倍にもなるそうです。

問題の切り干し大根ですが、煮物になった時の重量は、乾物のおよそ四倍とのこと。煮物にしてからの重さあたりのカロリーは、調味料など他の食品を除くと最初の四分の一になります。

食品の計算では、何を分母にするのか注意が必要です。

実際、私の母親も同じ思いこみをしていました。医者からカロリーを抑えるようにいわれていた母は、切り干し大根を控えている、といっていたのです。

この問題はカロリー計算にとどまらず、食品のリスクについても同じことがいえます。

たとえば、残留農薬について考える場合、その食品の「重量あたりの残留農薬量」を基準に考えるとおかしなことになります。たとえば、大根は一本一kg程度あります。料理法や他の料理とのバランスにもよりますが、我が家では味噌汁にしたり、煮物にしたり、サラダにしたりで、幼児二人を含む家族四人で一週間以内には食べきります。大人の場合、多い時で一週間に五〇〇g程度は摂取することもあるかもしれません。

別の例を挙げると、たとえば、お茶の葉はどうでしょうか。一杯あたりに使われるお茶の葉は、だいたい三～五g程度。朝昼晩と毎日三杯ずつ飲んで、ちょっと濃い目に淹れたとしても週に一〇〇g程度の摂取量でしょうか。しかも、私たちが摂取するのは茶葉そのものではなく、その抽出液です。有害物質が含まれているとして、抽出液と出がらしに分配される割合も検討する必要があります。

テレビなどでは、分母を同じ値にして「なんと大根の含有量の五倍もの量が！」、といった言い方をされていることがありますが、このように、水分を含んだ状態の食品と、いわゆる乾物のようなものを、重さあたりで計算してもあまり意味がありません。

8　原子力発電所のリスクはどれくらい？

東日本大震災で福島第一原発の屋根が吹き飛んだあと、霞が関にあった原子力安全委員会（現在は原子力規制委員会に移行）の原子力公開資料センターを訪れたことがあります。こここでは、原子力発電所設置の調査内容や、原子炉設置の設計思想、設置されている安全装置についてなど、さまざまな資料を閲覧できます。「大もとの情報」のことを「一次情報」といいますが、ここの資料はテレビや新聞など報道による情報よりも、一次情報に近いといえます。悪意の有無はさておき、一次情報から離れるにしたがって、その情報は削られたり改変されていきます。本当のことを知りたい場合は、なるべく一次情報に近い資料に当たるほうがよいのです。

私は震災の二週間後、まだ発電所内部の状況がほとんどわからず、臆測が飛び交っているころに、ここを訪れました。テレビ報道にみんな釘付けのころで、ここもさぞ人でごった返しているだろう、きっと福島第一原発の資料の前には人だかりか行列ができているに違いない、などと想像しながら霞が関に行きました。しかし、閲覧に来ていたのは私一人でした。もちろん、多くの人は、ここに膨大な情報が置かれていて、自由に閲覧できるということを知らなかったのでしょう。また、この資料センターにあるのは、カラーのわかりやすい資料をゆるキャラが説明してくれる感じの情報ではなく、専門用語満載の「である調」の文章が白黒印刷されている情報が中心で、とっつきにくいのも事実です。それでも来ていたのが私一人だったのには驚きました（もちろん、私の前に多数の人が訪れていたのかもしれませんが)。

さて、ここで仕入れてきた情報を見ると、なるほど、あの事故は起こるべくして起きたんだなあ、ということがわかりました。

まず、福島第一原発設計時に想定されていた津波の高さは一〇メートルです。一九五一年から一九六三年までの一二年間に建設予定地にやってきた最大の津波（チリ地震）が三・一メートルで、これが満潮と重なっていても四・二メートル。だったら、一〇メートルあれば大丈夫でしょう、というものでした。しかし実際に、福島第一原発を襲った津波は一五メートル程度でした。結果的に発電機に浸水し、冷却ができなくなり、メルトダウンに至ったわけです。

揺れに関しても、これまでそんな大きな揺れは起きていないが、一八〇ガル（地震の単位）ぐらいを想定しておけば十分安全だろうという認識だったことが、資料からわかります。

しかし、東京電力の発表資料を見ると、東日本大震災において福島第一原発二号機は五五〇ガルの揺れを観測しており、最も揺れの小さかった四号機でも三一八ガルを記録しています。安全だろうと想定していた数値が、実際起こった揺れの三分の一以下だったり、大津波は一〇〇〇年ぐらいの周期でやってきているのに、一二年間のデータしか使っていなかったりと、ちょっと認識が甘かったなあという印象を受けます。

ここからは私の想像の域を出ませんが、悪意があって、自分たちに都合のよい想定や認識をしたのではなく、当時「科学的」とされたデータに基づく「客観的」な判断結果だったのではないかと思います。いくら専門家であっても、限られた情報から未来を予想するのはそんなに簡単なことではありません。その時点の技術や情報で想定できないものは、リスク計算に入ってこないのです。現代から見ると「そんなことも想定できなかったのか」と思ってしまいますが、現代の科学も、未来に同じ印象を持たれる可能性があります。「だから仕方ない」というつもりはありませんが、重要なのは、現代の科学を結集しても、意外と抜けはあるのだと理解することかもしれません。

さて、福島第一原発では複数のディーゼル発電機が水に浸かり、電源が失われました。そもそも「複数」の発電機を設置した背景には、故障の確率計算があります。

たとえば、一台の発電機が一〇〇分の一の確率で故障するとします。一〇〇分の一ぐらいの信頼性では困るという場合は、複数の発電機を並列配置します。そうすると、同時に故障する確率は、単独で故障する確率を掛けあわせた値になります。

つまり、二台同時に故障する確率は、一〇〇分の一×一〇〇分の一＝一万分の一となります。同様に三台設置すれば一〇〇万分の一、四台設置すれば一億分の一です。しかし、この方法で信頼性を上げられるのは「故障」のように、確率がそれぞれの発電機で独立している場合です。「津波」のような外力は、それぞれの発電機にバラバラに「一〇〇年に一度」やってくるわけではありません。「一〇〇年に一度」ではあるものの、同時にやってきてしまうのです。

また確率計算には、部品の故障率だけでなく、人間のエラー率などを含む場合もありますが、多くの場合、人間の「悪意」は考慮されていません。原子力発電所を運転する人は、判断や操作を間違えてしまう可能性はあるけれど、みんな最大限いい結果を出そうとして仕事をしているという前提です。つまり、誰かが原子炉をわざと暴走させようとするとか、外からやってきたテロリストが原発を破壊しようとするといったことは、想定に入っていないのです。

ドイツの航空会社の副操縦士が、操縦席から機長を締め出して、乗員乗客全員を自殺の道連れにした事件がありましたが、あのような事態を航空会社は想定していなかったようです。一度そういうことが起きれば、今後は人間の悪意を想定に入れるようになりますが、津波による同時電源喪失と同様、世の中には考えても想定できないことがたくさんあるのです。

震災以降、原発に対する関心が高まっています。自然エネルギーに切り替えようという人もいますし、いやいや、日本経済のためには原子力発電所が必要なんだという人もいます。

ここでも、リスクとコストのトレードオフが発生しています。

火力などに比べて、原子力は、発電にかかる費用は少ないそうです。これはあくまでも発電代だけであって、その後の燃料処理費用は含まれていません。処理費用を負担するのは後の世代なので、現役世代の負担するコストが安価であるということです。太陽光や風力や水力などのクリーンエネルギーは、原発事故のように、周囲に人が住めなくなることはありません。しかし、発電コストは割高になります。火力発電は、原子力より少しコストがかかる程度ですが、二酸化炭素排出による温暖化リスクを増加させます。また、近代的な火力発電所ではあまりそういう心配はありませんが、有毒な排気が出ることもあり、喘息などの健康被害のリスクもあります。

つまり、あるリスク（たとえば原子力発電所の大事故による放射能汚染のリスク）を避けようとすると、コスト（たとえばクリーンエネルギーによる発電コスト）を負うか、別のリスク（たとえば地球温暖化のリスク）を負うことになるのです。どの選択肢を選ぶかは社会が決めていくことですが、リスクを下げることだけを求めることは、多くの場合できません。

原子力発電所のリスクを考える場合、原子炉が外部に放射性物質を撒き散らす確率と、それが私たちの健康や生活に与える影響を分ける必要があります。放射性物質を撒き散らす確率については、前例があまりないので、統計的な計算は困難です。前例は、チェルノブイリと福島第一原発ぐらいでしょうか（スリーマイル島事故は、撒き散らす寸前で回避）。

計算は困難でも、「基準」はいくつか定められています。たとえば国際原子力規制機関（ＩＡＥＡ）では、すでにある原子炉は、重大な炉心損傷を一万年に一回以下、大規模な放射性物質の放出を約一〇万年に一回以下にする、今後作られる原子炉は、重大な炉心損傷を一〇万年に一回以下、大規模な放射性物質の放出を約一〇〇万年に一回以下にする、という基準を設けています。これは原子炉一基あたりの目標値です。日本には四八基、世界には四〇〇基を超える原子炉があることも考慮する必要があります。

9　放射線が人体へ与える影響はどれくらい？

一方、放射線が人体に与える影響については、統計的な分析がなされています。Ｘ線のことがよく理解されていなかったキュリー夫人の時代には、多くの研究者が被曝していますし、広島と長崎ではそれぞれ数十万人の方が強い放射線を浴びることになりました。これまで世界中では多数の核実験が行われており、いくつかの事故も起きています。チェルノブイリほど大規模でないにせよ、実験用の小型原子炉や原子力潜水艦の事故事例もあります。これらの事故で被曝した人たちの臨床データから、放射線が与える影響はある程度わかっています。放射線は目に見えず、匂いも音もしません。そして、放射線の量を示すのには、ベクレルとかシーベルトとか、私たちに馴染みのない単位が使われるので、心配の原因になっていそうです。

ベクレルとシーベルトのわかりやすい解説をしておきます。ビールの泡は時間が経つとやがて消えてなくなります。放射性物質も似たような性質を持っています。目には見えませんが、物質を形作っている細かい粒が、ビールの泡のように一定確率ではじけて消滅していきます。泡がはじける時に非常に大きいエネルギーを放出するのですが、これが放射線の正体です。ビールの泡がはじけても安全ですが、放射性物質がはじける時は、細胞の中の遺伝子が破壊されるなど、身体に悪影響を与えます。遺伝子は細胞が分裂する時に使われる設計図です。これが壊れてしまうと、次の細胞分裂の際に変な細胞ができるというわけです。

ベクレルという単位は、放射性物質が一秒間にパチパチはじける回数を示します。人間は、はじけた場所から近くにいるほど大きな影響を受けます。また、その近くにいた時間が長いほど、より影響を受けます。さらに、放射性物質にはいろいろな種類があり、それぞれエネルギー量も違います。したがって、はじけた回数だけではなく、種類、距離、時間を計算して、それが人体に与えた影響を計算しなくてはなりません。それらを計算した値の単位が「シーベルト」なのです。放射線の影響を心配している人は、シーベルトをチェックしましょう。

さて、過去の事例から、身体に影響が出始める量は、一生で約一〇〇ミリシーベルト以上だとわかっています。ただし、この数字はもともと自然界にある放射線の影響を除いた値です。自然界の放射線は、もともと宇宙から飛んでくるもの、地中に埋まっている放射性物質から出るものなどがあり、これらによる放射線被曝は文明以前からありました。その被曝量は世界平均で年間二・四ミリシーベルト程度（八〇年生きるとして一九二ミリシーベルト）といわれていますが、文明以降はレントゲン撮影や、原爆、原発事故などによって、さらに放射線を浴びています。この追加被曝によって、影響が出始めるしきい値が一〇〇ミリシーベルトです。一〇〇ミリシーベルトを超えると、発がん死亡率が約〇・五％上昇することもわかっています。生涯一〇〇ミリシーベルトというしきい値をさらに安全寄りに、年間の上限値を一ミリシーベルトにすることが多いようです。

被曝量は、ある場所の空間線量（放射線が飛び交っている量）と、その場所にいた時間によって計算できます。原子力規制委員会のホームページでは、いろいろな場所での空間線量をリアルタイムで調査・公開しています。たとえば、我が家の近くの舎人《とねり》公園のモニタリングポストは、二〇一五年にこの原稿を書いている時点で、一時間あたり〇・〇三四マイクロシーベルトを示しています。この値は、もともと自然界に存在している放射線も含んでいます。二四倍すれば一日分、それをさらに三六五倍すれば一年分の被曝量がわかります。実際に計算してみると、まず二四倍で〇・八一六マイクロシーベルト、さらに三六五倍で二九七・八四マイクロシーベルト（〇・三ミリシーベルト）程度になります。福島第一原発近くのモニタリングポストをみると、まだちょっと高いな、という場所がありますが、それ以外についてはおおむね基準値以内に収まっていそうです。

私たちはそのほか、食べ物からも放射性物質を体内に取り込んで被曝しています。また、吸った空気の中に放射性物質が含まれていて、その物質が肺の中に溜まった場合も被曝します。食品については、比較的厳しい基準値が設けられていて、基準値を超えた場合には出荷制限がかけられます。したがって、普通に売られているものを食べている範囲では、健康に被害がでるほどの被曝はしていないと考えられます。食品安全委員会のホームページによると、福島第一原発事故発生後に増えた食品からの被曝は、最大でも二〇マイクロシーベルト（〇・〇二ミリシーベルト）程度とされています。

一方、息をしないと死んでしまうので、空気からの被曝については、食品のように規制をかけたり、選別することはできません。空気中の放射性物質の量についてはインターネットで手に入るデータが乏しいのですが、注意深く探すと、福島県のホームページに二〇一一年三月～二〇一二年三月に調査したものがありました。サンプル採取日や地点の情報がないのですが、二〇〇〇サンプル程度の情報で、

放射性ヨウ素：不検出～五五五ベクレル／立法メートル
セシウム一三四：不検出～一二〇ベクレル／立法メートル
セシウム一三七：不検出～一四〇ベクレル／立法メートル

とあります。これを自分でシーベルトになおすのはちょっと大変ですが、カシオ計算機のサイト（http://keisan.casio.jp/exec/system/1307415494）に、自動計算してくれるサービスがありました。試しに、最大値を入力して一日そこにいたという計算をしてみると、二〇

七・一マイクロシーベルトという値が出てきます。年間の許容量である一ミリシーベルトに五日間で達してしまうので、ちょっと高すぎるように感じますが、これはこの場所にマスクなどをしないで二四時間いた場合の数値です。

実際には、放射性物質はずっと放出され続けてはいないので、計測された最大濃度が維持されることはありません。さらに、放射性物質は時間とともに消えてなくなってしまう性質もあります。放射性ヨウ素は八日で半分になってしまいます。したがって体外への排出がなくても、数カ月でほとんどゼロになります。自分がいた場所に近いデータをどれだけ集められるかによって計算の精度が変わってきますが、長い間立ち入り禁止区域内にいたのでなければ、それほど心配しなくてもよさそうです。

10　一〇〇ミリシーベルトって高いの？　低いの？

ここまで、かなりページを割いて原子力発電所の話を書いてきました。

これは福島第一原発という誰もが知る事例であるだけでなく、リスク推定やリスクコミュニケーションという概念が、原発の普及とともに大きく発展した側面があり、リスクや心配を語る上で必要不可欠だと思ったからです。

さて、先ほど説明した、一〇〇ミリシーベルトという値（生涯に追加で浴びても影響が出ないとされる放射線量）ですが、これは高いのでしょうか。低いのでしょうか。癌による死亡率が〇・五％上昇する、といわれると、私たちはどうしようと考えてしまいます。ここで考えなければならないことがあります。それは、日本人のおおよそ三〇％が癌で亡くなっているということです。つまり日本人全員が一〇〇ミリシーベルト程度の放射線を浴びてしまうと、三〇％が三〇・五％になります。増加率で見ると約一・〇二倍です。

私たちは放射線以外のリスクにも晒されています。数値にばらつきはあるようですが、タバコを吸う人の肺がんや虚血性心疾患のリスクは、非喫煙者の一・二〜一・七倍程度、肥満の人の大腸がんや心臓病のリスクは一・五〜一・八倍程度といわれています。この他にも仕事や残業のストレス、感染症、偏食、日焼け、塩分の過剰摂取、労働災害など、私たちの寿命を縮めそうなものはたくさんあります。一〇〇ミリシーベルトによる発がん死亡率の〇・五％の上昇は、これらに比べて決して高くないように思います。しかも、これは基準値であって、実際に死者が〇・五％増えているわけではないのです。

比較的近い例として、現在の交通事故による死亡率を八〇年間で計算すると、約〇・三％になります。こちらは基準値ではなく、実際の死亡者数です。しかし、原発は心配だからやめようという声はあがっても、車をやめようという声はあまり耳にしません。私は「だから原発を使ってもいいんだ」というつもりはありません。ただ、原子力発電所を規制しながらも運用し、コントロールする上で、このような慎重な基準を設けて、原発によって上昇するリスクを他のリスクより何桁も低く抑えようとしているのは事実です。

原発に関する私のスタンス

結局のところ、原発について（もちろん他のリスクについても）、いろんな人がいろんなことをいい、さまざまな情報が溢れていて、どんなに注意深くデータをチェックしてもよくわからない部分が残ります。そして、仮に同じデータでも、人によって解釈やスタンスは異なります。ここまで「私たちは発言元に左右されがちであり、それがリスクを見誤る原因のひとつだ」ということを書いてきたので、いささか矛盾する気もしますが、この本をどういう立場の人間が書いているのかをお伝えすることも重要だと考えています。研究者にとって、ちょっと勇気がいることで、以下は書こうかどうか迷ったのですが、原子力発電所についての私のスタンスを書いておきます。

原子力発電所の是非について、私はどちらかと言えば反対の立場にいます。

ツケを未来に回してしまい、今後数十万年も廃棄物を適正に管理しなければならないこと、非常に巨大なお金が動くものに対して、人間は目先の欲やプレッシャーに負けてしまいがちであるため、本当に冷静な判断ができるのかが疑問であることが理由です。

ただし、今すぐすべての原発を止めるべきだ、とまでは思っていません。コストのことはさておき、作るまでにも少なからず環境負荷をかけているので、作ってしまった以上は耐用年数が来るまで適正に運用し、元を取るべきだと思います。当然リスクはありますが、今すぐ運転を停止したからといって、長期間にわたる廃棄物管理がなくなるわけではありません。

今すぐ火力に切り替えて二酸化炭素を出しまくることにも賛成できませんが、やたらと新しい原子力発電所を作ったり、古いものを延命したり、原子力エネルギーだけでずっとやっていこうとするべきではありません。原子力発電はクリーンエネルギーに置き換えられるまでの繋ぎ的な発電方法として、段階的に廃止していくべきだと考えています。

心配が先か、安全が先か

いろんな乗り物のなかでも、飛行機はとても安全だといわれます。

では、なぜそんなに安全なのでしょうか。飛行機嫌いの人は「あんな鉄の塊が空を飛ぶほうがおかしいんだ」ということがありますが、私も少しそう思います。もちろん乗り物オタクである私は、どういうメカニズムと物理的な力によってあの鉄の塊が空を飛ぶのか理解しています。最近は鉄の塊ではなく、複合素材の塊といったほうが正しいこともわかっているつもりです。しかし、やはり時速一〇〇〇キロに近い速度で飛行し、しかも、車や鉄道のように「危なかったらとりあえず停止する」ことが許されない巨大な乗り物を、あれほど安全に運行する技術とノウハウは、ほとんど奇跡だと思っています。

飛行機が安全に運行できるのは、航空関係者の並々ならぬ努力によると思います。そのモチベーションはどこからくるのでしょうか。

私は、多くの人が飛行機に乗ることをとても心配したことが、結果的に今日の安全を作り上げたのではないかと考えています。みんな飛行機がこわい、飛行機に乗るのは心配だと思っているために、他の乗り物よりずっと高いレベルの安全性を提供しないと、利用してもらえなかった――。

原子力発電所についても同じことがいえます。原発もみんなが心配しまくったおかげで、他の発電技術に比べてずっと慎重に、ずっと安全な設計をせざるを得なかったといえます。

飛行機も原発も新しい技術です。この本では、過剰な心配はあまりよいことではないと繰り返してきました。それと矛盾するようですが、新しいものを導入する時には、こういう慎重さも必要なのかもしれません。リスクがあっても新しいものを導入したい人と、心配な人とのバランスをとって、適正なリスクを保つのが健全な社会のあり方ではないでしょうか。

この章のまとめ

「非常にリスクが高い」とか「大変危険だ」というように、リスクはさまざまな方法で表現されます。この「非常に」とか「大変」という表現は主観的で、人によって捉え方や基準が変わってきます。この章では、なるべく客観的に捉えるために、リスクの計算実例や考えかたを紹介してきました。

最後にポイントをまとめておきましょう。

まず、信頼できそうな情報源から数字を探すことです。悪意の有無にかかわらず、情報は伝言ゲームのように、中身が変わることがあります。そこで、なるべく元の情報に近いものや、元の情報を辿れるものを探す必要があります。また、情報を発信する人の姿勢からも情報の信頼性が推測できます。

数字を集める時は、分母と分子の両方を揃えることを意識してください。「●人の人が亡くなった」という情報だけでは、そのリスクが高いのかどうかわかりません。必要なのは、「△人中●人の人が亡くなった」という情報です。

しかし、これでも足りない場合があります。たとえばタバコを吸う人と吸わない人の肺がんリスクの比較をしたい場合には、タバコを吸う人○人のうち、肺がんになった人が△人で、タバコを吸わない人●人のうち、肺がんになった人が▲人という具合に、分母分子それぞれ都合四つの数字（○△●▲）を揃える必要が出てきます。この四つの数字が揃えば、どちらがどれだけ危ないかを比較できます。先ほどの例では、どちらも肺がんとしましたが、一方を交通事故など馴染みのあるリスクにしておいて、自分が知りたいたとえば原発事故のリスクと比べてみるという方法も有効です。

昔テレビに出ていた、あるアーティストの言葉が印象に残っています。

その人は彫刻家で、鬼とか妖怪とかエイリアンとか、とにかくこわいものばかり作っている人なのですが、「私は、心の中にあるこわいものを形にしている。形にしてしまえば少しこわくなくなるから」といっていました。

なるほど、リスクも同じです。実際にどのくらいの危なさかわからないから心配になるのです。もちろん、具体的な数字にしてみても、心配な部分は残ります。それでも漠然とした不安から少し前に進むことができます。その数字を見て、リスクを減らすために行動を起こすのか、これぐらいならまあいっかと思うのか、ただ心配するだけではなく、今後の方針を決めることができます。

読者のみなさんも、是非ご自分の心配なことを「数字」にしてみてください。

それまでよりも、少し心配じゃなくなるかもしれません。

第八章——心配しすぎず、安心しすぎず生きるには

癌が目立つ国・日本

日本人の死因のトップは癌で、おおよそ三人に一人が亡くなっています。この確率は世界でも割と高いほうです。一方で、たとえばインドでは癌で亡くなる人があまりいません。インドは癌のリスクが低い国なので、カレーを食べると癌にならないという話がまことしやかに語られていますが、本当にそうでしょうか。おそらく答えはノーです。

日本の癌患者がなぜこれほど多いのか、最大の理由は、日本では癌以外のリスクが排除されていることにあります。癌は現代の最新の医療技術をもってしても、治療することが困難な病気です。ほかにも治療が困難な病気はたくさんありますが、メジャーな病気の中で癌ほど治療が困難な病気はあまりないでしょう。

お医者さんたちは、さまざまな患者を治療しようと日々努力を続けています。もちろん、直接医療行為をする人だけではなく、医学や薬学の研究者も努力をしていますし、お医者さんを支える医療スタッフも頑張っています。救急車やドクターヘリなど、救急搬送体制を整えている人たちもいます。また、病気以外の事故や犯罪や食中毒やテロなどの発生も低く抑える努力がなされており、冷蔵庫の普及や流通の発達によって昔ほど塩辛いものを食べずに済んだり、さまざまな規制や技術によって公害も抑えられたりしています。

このように大部分の病気の治療体制が整い、病気以外のリスクも十分に下がった結果、日本では癌が目立つようになったのです。

また、癌は、年齢が上がるにつれて、罹患率が高くなります。五〇代ぐらいから上がり始め、六〇代、七〇代でかなり上昇します。それより前に死んでしまった場合、癌の確率はあまり高くないということです。日本は世界有数の長寿国です。一方で、発展途上国は先進国ほど平均寿命が長くありません。先進国に比べて、病気や事故、犯罪、公害などのリスクが低く抑えられていないからです。したがって、これらの国に住んでいる人の多くは、「癌になる年齢まで生きられない」というのが実態なのです。このように数字だけを見ても、その背景を理解しないと、実態を見誤ることになります。やはり、インドの人はカレーを食べているから癌にならないわけではないのです。

「CO_2出していいじゃん」「出しちゃだめじゃん」の違い

京都議定書は一九九七年に地球温暖化を防止するために、二酸化炭素などの温室効果ガス排出量について国際的な取り決めを行った文書です。二酸化炭素排出量の多いアメリカが離

図8　温室効果ガス削減の二つの考え方

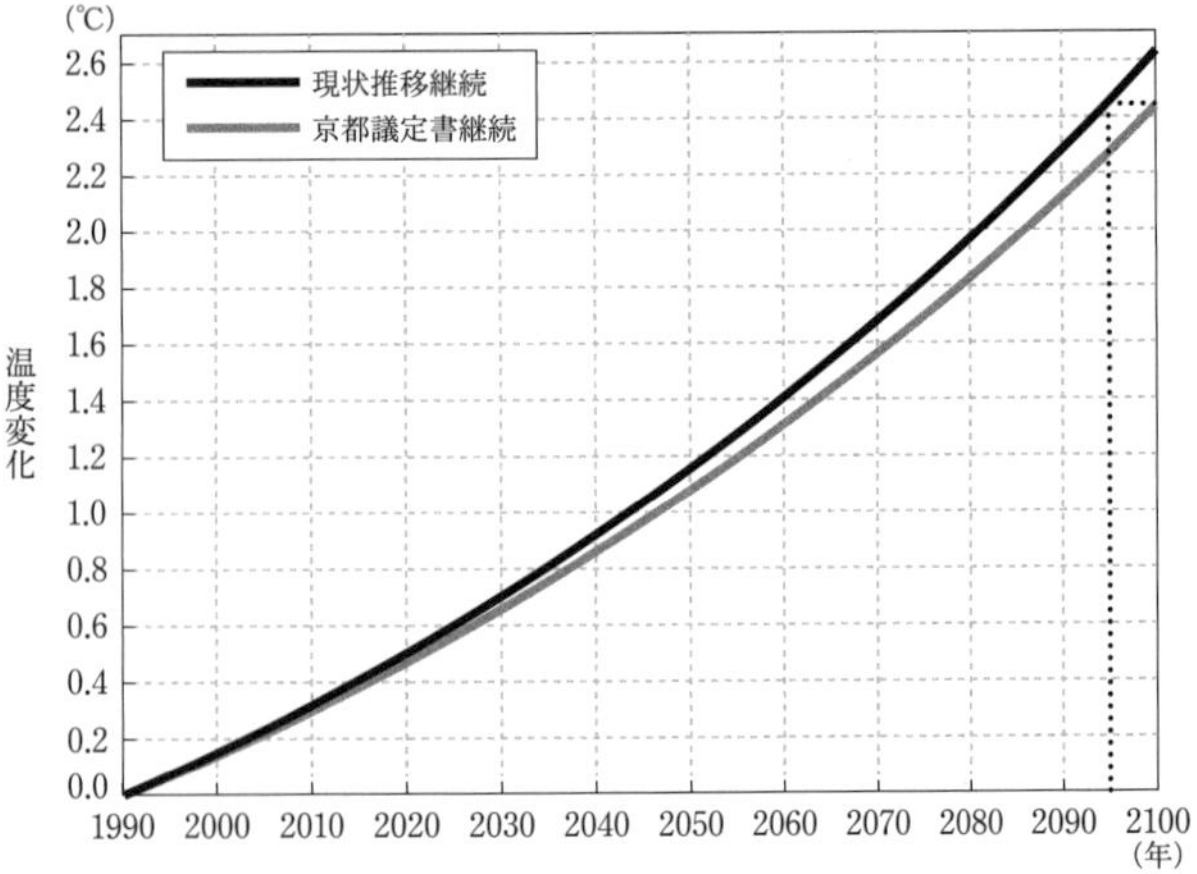

出典：ロンボルグ2008

脱してしまったことや、中国やインドなど排出量の多い発展途上国には特に義務が課せられなかったことなどいくつかの問題点が指摘されていますが、ここでは実際に目標として定められた排出量とその効果について、データ解釈という視点で考えてみます。

図8は、京都議定書の目標排出量を守った時と、守らなかった時の温度上昇の予測を示したグラフです。グラフの右端（二一〇〇年付近）を見ると、目標排出量を守っていたら二一〇〇年に訪れるはずの温度上昇は、守らなかった場合二〇九五年ごろに訪れると読めます。つまり、地球温暖化をたった五年しか遅らせることができないということです。

さて、このデータからは、二つの主張がで

きます。

ひとつは、多大なコストをかけて温室効果ガスの排出を減らしたとしても、温度上昇が抑えられるなどの根本的な解決にはならない。たった五年温暖化を遅らせることしかできないのなら、京都議定書なんか守るのをやめちゃおう、という主張です。

もうひとつは、京都議定書で定められたレベルの温室効果ガス削減では、とても地球温暖化は止められそうにないので、もっと頑張って減らさなきゃ、という主張です。

前者は「温室効果ガスを出してもいいじゃん」、後者は「出しちゃだめじゃん」という主張ですから、同じデータを使っても全く逆の主張ができるのです。

このあたりが、データを読み、解釈することの難しさなのですが、結局のところ、データから何を読み取り、どう行動するかは自分で決めなければならないのかもしれません。

心配を克服するには、いくつかの方法があります。まずは、前章で紹介したように計算し数字にすることで、まあ、このぐらいなら大丈夫か、と思ってみるという方法があります。

一方、計算してみたら意外とリスクが高かった場合には、リスクを下げる必要があります。

これから、リスクをどうやって下げるかについて考えていきます。

危険感受性

最近、公園のブランコがぐるぐる巻きにされ、使用禁止になっているのをよく見かけます。ブランコ以外の遊具もどんどん撤去されています。遊具で子どもが怪我をすることもあるでしょうし、「遊具を使用禁止にしてほしい」とか「撤去してほしい」という要望を出す親がいるのかもしれません。公園を管理する側も、事故が起きたら面倒なので、撤去という判断をしたのでしょう。

危ないものを撤去したり、使えなくすることは、危険回避のための最もシンプルかつ根本的な方法です。遊具がなくなれば、遊具で怪我をする子どもはいなくなりますが、それが必ずしもよいことだと私は思いません。たとえば、家中の棚や机などのカドにスポンジをつけたとします。そうすると、子どもがカドに頭をぶつけて怪我をする可能性は低くなります。しかし、その子は「カドに頭をぶつけたら痛い」ということを学習できなくなるため、友達の家など自宅以外の環境で怪我をしやすくなるでしょう。不慮の事故や、後遺症が残る怪我は困りますが、遊具から落っこちてたんこぶをつくるとか、転んで足をすりむくことがなければ、何が危なくて、どうすれば痛い思いをしないで済むのか、子どもたちは学習できません。特に、外で遊んでいる時に怪我を回避するような体の反応は、頭で理解しているだけでは実行できません。

また、直接的な「痛み」は、頭の中で危ないことを想像するのに比べて遥かに強力で、直感的・感覚的な危険回避能力を身につけるのに役立ちます。心身が発達する幼少期にこういう経験ができない場合、短期的には怪我のリスクを下げることができても、その子の一生という長期的な視点では、リスクを上げることになるかもしれないのです。

同じことは大人でも起きます。私は池袋まで自転車で一〇分程度の街で育ちました。しかも私が子どものころは、今よりもずっとガラの悪いお兄さんがたくさんいて、喧嘩やカツアゲ、スリやキャッチセールスなど、街には危険なことが溢れていたように思います。だから、こういうところには近づかないほうがよさそうだなとか、こういう人は相手にしないほうがよさそうだといったことを肌で学習してきたつもりです。そのせいか、比較的犯罪リスクの高いとされる海外の国でも、特別こわい思いをしたり、被害に遭ったことはありません。

一方で、都会育ちの人間は、自然を相手にして遊んだ経験に乏しいので、山や川や海にある危険を回避することが苦手だったりします。私たちはさまざまなことを経験から学ぶのと同じように、痛い思いや危ない思いをすることで、危ないこととは何か、どうやったら回避できるかを学んでいるのです。

とはいっても、危ないことを経験している間に本当に大怪我をしてしまったり、万が一死んでしまっては困ります。私たちが他の動物と違うのは、聞いた話や読んだ話など、他人の経験からも学ぶことができる点です。

だから、危ない目に遭わないためには、リスクに関する情報にアンテナを張っておく必要があります。漠然と心配するのではなく、自分がこれから旅行する先にはどういうリスク情報が出ているか、自分が住んでいる地域ではどんな災害に見舞われる可能性があるか、といった情報をきちんと仕入れ、頭の中でシミュレーションしておきましょう。シミュレーターは危ないことを「安全に」体験するための装置です。車や飛行機などのシミュレーターが一般的にはよく知られていますが、火災時の避難や津波の動きなど、世の中には危ないことを安全にシミュレーションできる施設や場所があります（東京ではお台場の「そなエリア東京」、名古屋では「名古屋大学減災館」があります。他にも消防関係機関や自治体などが運営しているこの手の施設はたくさんあるので、検索してみてください）。

余談ですが、強いカブトムシを育てるには、棒の先におもちゃのカブトムシをつけて戦わせ、コロンとわざと負けてあげることを繰り返すそうです。おもちゃのカブトムシ相手に成功体験を積むことで、なんとなく勝てる気になって、強気で攻めこむようになるのだとか。カブトムシにとって、縄張り争いはリスク高めの緊急事態です。きっと興奮したり緊張したりで、いつもより判断力が鈍ることでしょう。成功体験を繰り返したカブトムシが落ち着いて的確な行動を取れているのかはわかりませんが、実際の状況をシミュレーションしておけば、いざという時に自分のリスクを下げられるかもしれません。

危険回避のスキルを上げる

子どもたちは交通ルールを守るために、「横断歩道は左右を見てから渡りなさい」と教えられています。ところが、小学校低学年ぐらいまでの子どもだと、この意味がよく理解できない場合もあります。なぜ左右を見てから渡らなければならないのか。それは、左右から車が来るかもしれないからで、車が来ていたら轢かれてしまうからです。だから、車が来ていないことを確認してから道を渡らなくてはなりません。これは、大人なら当たり前のことですが、子どもはここまでの思考力がないので、「左右を見る」行為だけをやろうとします。しっかり首を振る動作をするとまわりの大人から誉められるので、首を振ることに一生懸命になり、肝心の「車が来ているかどうか」を見ていない場合もあります。

普段私たちは意識しないことですが、視力検査で測る視力とは、人間の視野の中心の一度ぐらいの範囲のものです。そして、そこから視野の周辺に行くにしたがって視力は弱くなり、端のほうは色も識別できなくなります。「まさか」と思われるかもしれません。

では、試しに何か目印を決めて、まずは、そこをしっかり見てください。次に、そこを見つめたまま文字を書いた紙や、色のついたものを手に持って、腕を真横に伸ばしてください。視野の端の方で色がわかりましたか？　文字が読めましたか？　私たちは自分がいる部屋や周囲の景色をフルカラーで、そして、細かいところまで鮮明に見えていると思い込んでいます。しかし実は、鮮明な像を見ているのは、視野の中心のほんの一部分なのです。そして、目をキョロキョロさせて、よく見える中心部分を動かしているのです。私たちがはっきりとカラーで見えていると思っているのは、キョロキョロして情報を蓄え、脳の中に再構築した世界なのです。

何をいいたいかというと、横から接近してくる車を発見するには、顔を横に向けてなんとなく視野をそちらに振るだけでは不十分で、道路の消失点（側線と側線の延長線が交わるあたり）にしっかりと視野の中心部分を向ける必要があるのです。

それでは、どうやって子どもに道の渡り方を教えたらいいでしょうか。私にも五歳と三歳の娘がいますが、私は「車来てる?」と聞くようにしています。「見て」というだけでは何を見ていいのかわからないし、見ることの目的もわかりません。でも、「車来てる?」と聞けば、少なくとも来ているかどうかの結論を親に伝える必要があるので、車を探そうとします。それでもたまに、車が来ているのに「来てない」という場合もありますが、「左右を見なさい」というよりはいい方法だと思います。

危険を回避する方法にはこのようにさまざまなスキルがあり、考えかたや覚えかた、教えかたにもコツがあります。重要なのは、行動の目的や理由と、危なくない行動を取るためにはどうすればよいかをしっかりと考える姿勢だと思います。

マニュアルの功罪

子どもの道路の渡りかたと同じように、目的を理解せず、決められた行為だけをやることで、危険な状況に陥ることがあります。たとえば、二〇一一年、北海道で起きた列車の脱線火災事故では、「炎が確認できない場合は避難行動を取らない」というマニュアル通りの行動によって、車内に煙が充満してもなお避難が始まりませんでした。乗客が自己判断で逃げ出したために死者は出ませんでしたが、このマニュアルには「乗客の安全を確保する」という大前提があったはずです。たしかに列車内が安全な場合は、避難する乗客が線路に出ることで、他の列車と接触・衝突するなどのリスクがあります。しかし、ダイヤ過密地帯かどうか、単線か複線か、周囲の地形はどうか、煙の量はどれくらいか、編成の長さはどれくらいか、ディーゼル車なのか電車なのかといった、逃げるべきかどうかを決める要素は無数にあります。マニュアルは一応考慮に入れつつ、「乗客の安全」を守るためには、その場の判断が必要になるのです。

行動を事前に決めておく

私たちは緊急時には判断力が下がります。特に危機的な状況に陥った最初の五分間は極端に低下します。こういった状況に陥ると私たちは過緊張状態になり、正常な判断力を失います。そして意味のない行為を繰り返したり、注意が一点に集中することがあります。

こうならないためには、普段からどういう行動を取るかを決めておくことです。たとえば、大地震が発生して津波から逃げるには、どこに行けばいいのか。正常な判断力を失った状態では間違った方向に逃げてしまうかもしれないし、右往左往してしまうかもしれません。仮に正しい選択肢を選べたとしても、一刻を争う災害時、判断に時間をかけるべきではありません。

そこで有効なのが、大地震が起きた時に逃げるルートを決めておくことです。時間があれば、実際そのルートを歩いてみましょう。思っていたより時間がかかるとか、通れない場所があるとか、初めてわかることがあるはずです。

ルートやプランを複数用意することも大事です。予定していたルートが障害物で通れなくなっていたりすると、途端にパニックになるかもしれません。

このようなことは大地震などの災害時以外にも使えます。たとえば、子どもと一緒に通学路を歩いてみて、変な人に追いかけられた時に逃げ込む場所を調べておく。そうすれば、いざという時に子どもたちも落ち着いて行動できるはずです。

あらかじめ仕入れられる情報は仕入れておく

災害、犯罪、交通事故などのリスクは場所によって変わります。高リスクの場所には近づかないことでリスクを抑えることができます。また、やむを得ず近づく場合にも、そこが危ない場所だと知っていることで、いざという時の対処行動は変わってくるでしょう。

場所によるリスクの違いを地図で示したのが「ハザードマップ」です。

ハザードマップにはさまざまな種類があります。地震・津波・液状化・土砂崩れ・洪水・火山など自然災害のハザードマップや、交通事故や犯罪の多発地点のハザードマップが一般的です。他にも、木造家屋が密集していて火災が延焼しやすい場所とか、津波が来るかどうかだけでなく、津波の到達時間予測を示したものもあります。こういったハザードマップを使って、自分が住んでいる場所や働いている場所、これから出かける場所について調べておくと、いざという時にも安心です。

ついでにいえば、部屋を借りる時や家を買う時にもハザードマップのチェックをおすすめします。なんか安い物件だなあ、と思ったら、実は昔沼地で液状化する恐れのある地域だった、なんてこともあるかもしれません。不動産屋さんはわざわざ教えてくれないかもしれませんので、自分で調べることが重要です。

今はスマホですぐに調べられる時代ですが、災害時は、アクセスが集中し、ネットが使えなくなる可能性もあります。普段から調べておいて、災害時も使える記憶媒体（紙とか脳みそとか）に入れておきましょう。

実際にハザードマップを見たい方は、地名と「ハザードマップ」というキーワードで検索してみてください。国土交通省がハザードマップのまとめサイトを作っているので、各自治体が出しているものを参考にするといいでしょう。ネットで見つからない場合も、役所に問い合わせると、ほとんどの自治体でハザードマップが作られているはずです（ない場合は、住民として作るように要求をしてください）。

できることは先にやっておく

災害時、何を準備するかも場所によって変わってきます。

そこが沿岸部なのか、山岳地帯なのか、低地なのか、火山の近くなのか、人口密集地なのか、工業地帯なのか、住宅街なのか、商用地なのか——。また、建物によっても違いがあります。木造や鉄筋コンクリートなどの構造、築年数、周りの建物との位置関係、地面の傾斜や地質など。さらにいえば、部屋の中にも家具や窓の配置などによって、危ない場所と安全な場所があります。日頃からこういったものを「危ないことから身を守るために」という視点で見る癖がつくと、準備や対策が自然とわかるようになります。

危ないことをしっかりと見つめ、対策をとれば、その分自分のリスクを下げることができるのです。

本書では、「あんまり心配しすぎてもしょうがない」と繰り返してきましたが、心配はなかなか消えないものです。そういえば、こわいものから逃げている間はこわいままですが、立ち向かうようになればだんだんこわくなくなる、というのが『ゲド戦記』（ジブリのじゃなくて原作のほう）のテーマでもあります。

「どうするか」を共有しておく

「津波てんでんこ」という言葉をご存知でしょうか。

これは東北地方の沿岸部、まさに二〇一一年の東日本大震災で甚大な津波の被害を受けた地域に伝わる言葉です。大きな地震が起きたら、とりあえず人のことは気にしなくていいので、てんでんばらばらに逃げて、自分の身を守ろう、一家全滅を防ごうという意味です。この地方は一〇〇年に一度ぐらいの割合で、何度も大きな津波に見舞われてきました。そこから生まれたこの言葉には、重い意味があります。

津波がくるかもしれない、という緊急事態では正常な判断力が鈍ります。そして私たちは子どもや家族や恋人など、大切な人を守ろうとします。しかし、津波のような災害の場合、たとえば家にいて誰かの帰りを待つとか、どこかに誰かを迎えに行く余裕はないでしょう。千葉県の太平洋側から北、つまり日本の東の海は、津波が起きるプレートの境界まで少し距離があります。したがって、東日本大震災の際も、津波が到達するまでおおよそ三〇分程度の時間がありました。しかし、日本の南側にある、「南海トラフ」と呼ばれるプレートの境目は陸から近いため、場合によっては津波が三〜五分程度で到達する可能性もあるそうです。そして、大きな地震は立っていられないほどの揺れが、二〜三分ほど続く場合もあります。仮に地震の発生から二分間揺れが続き、四分後に津波が来るとすると、逃げる時間はわずか二分しかありません。誰かを待つとか、迎えに行くといったことを考える数秒の時間すら、無駄にするべきではありません。

とはいっても、やはり大切な人のことは心配になるでしょう。そういう意味でも、事前の取り決めが非常に重要になります。

本当に小さな子どもや動けないお年寄りは別ですが、健康でそこそこの判断力がある一〇歳ぐらいから上の子どもたちは、とにかくまずは自分の身を自分で守れるようにしておくことです。通学路の途中、丈夫な高い建物がどこにあるのか、その建物の入口や、鍵の有無など、普段から地震が起きた時のことを考えておくことで、適切な行動を取ることができます。これは津波に限らず、あらゆるリスクに使えることです。

そして、少し勇気のいることではありますが、「本当の緊急時には、お互いのことは気にせずに自分の命を守ることにする」という取り決めをするのも一つの手です。事前の取り決めというと、家族がどこで落ち合うかを決めておくことを想像するかもしれません。この取り決めも重要ですが、生きていなければ落ち合うことはできません。自分以外の家族も全力で自分の身を守っていると信じて、まずは自分が生き延びることに徹する。これを家族全員が徹底すれば、また生きて会える確率が高まります。

安心し過ぎない

ハザードマップの津波浸水域や到達時間を見ていただくとわかるのですが、津波に呑まれる可能性のある場所は、それほど広範囲ではありません。実際に自分の家や通学路などがその場所であるケースは、それほど多くないでしょう。また、海岸線から離れれば少し時間的余裕も生まれます。

ただし、安心し過ぎも禁物です。ハザードマップは科学的な知見に基づいて作られているので、個人の主観よりは誤差は小さくなっています。しかし、完璧ではありません。事実、東日本大震災の時も、それ以前のハザードマップの津波浸水域と、実際の津波浸水域は少しずれていました。もちろんハザードマップの浸水域から一〇倍も二〇倍も遠くに逃げる必要はありませんが、少しは余裕を持っておきましょう。

リスクの目標水準を変える

リスクホメオスタシスという言葉をご存知でしょうか。ホメオスタシスとは「恒常性」という意味で、もともと生物などが体の状態を一定に保とうとすることを指します。

私たちの体は、体温や血圧、体液の電解質濃度などが一定に保たれるようにできています。体温が上がりすぎれば汗をかいて身体を冷やそうとするし、逆に下がりすぎれば震えて温めようとすることで、私たちの体温はおおむね三六・五度を保っています。身体以外にも、生態系は、ある生き物の個体数が増えればそれを捕食する生き物が増え、個体数を一定に保とうとします。暖められた大気は上昇気流になって雲を作り、気温を下げる作用をします。狭い範囲にコンビニができすぎると、どちらかが潰れたりします。つまり、いろいろなところに、ホメオスタシスという調整機構が働いているのです。

そして、この調整機構が「リスク回避行動」においても起きるというのが、リスクホメオスタシスの考え方です。ちょうど身体が血圧や体温を調整するように、私たちは「このくらいならいいだろう」というリスクの目標水準を持っていて、それに合わせて行動をしているというのです。

たとえばこんな例を考えてみましょう。ＡＢＳという自動車の安全装置があります。ＡＢＳはアンチロックブレーキシステムの略で、ブレーキを強くかけてもタイヤの回転を止めないための装置です。タイヤの回転が止まると、車自体が止まるまでの距離が長くなったり、ハンドルを切っても行きたい方向に曲がらなくなったりします。

ＡＢＳはこれらを防ぐための安全装置です。安全装置なんだから、これがあれば事故が減りそうな気がしませんか。もしドライバーが全く同じ運転をしていれば、ＡＢＳが付いていない車よりも、ＡＢＳが付いている車のほうが事故率は低くなるはずです。開発した人も、ＡＢＳ実用化のニュースを聞いた人も、誰もが事故率低下を期待しました。しかし蓋を開けてみると、ＡＢＳが付いている車と付いていない車の事故率は、ほぼ同じになったのです。

その理由を説明するのが、リスクホメオスタシスです。簡単にいうと、ドライバーが「ＡＢＳがついているから前より安全だ」と考え、「これまでよりも、少しぐらい飛ばしたり、乱暴な運転をしても平気だろう」と思ってしまった。安全装置がついて安全になった分を「早く目的地を目ざす」とか、「適当に運転する」という方向に振り分けてしまい、結局事故率は変わらなかったということです。

同様のことは至るところで起こっています。「今日はたくさん歩いたからデザート食べちゃおっかなあ」、これもリスクホメオスタシスです。ダイエットの目標水準があって、その水準よりもカロリーを消費した分を、デザートを食べるほうに振り分けてしまっています。原稿を書く場合も似たようなことがあって、結構たくさん書いたな、と思った次の日は「昨日頑張ったからまあいいか」と思ってしまったりします。

目標水準を変えるもの

安全の研究をしていて、心配に関する本などを書いているので、読者のみなさんは、私がさぞリスクの少ない安全な生活を送ってきたと思われているかもしれませんが、実はそうでもありません。

もう時効なので告白しますが、若い頃は夜な夜なバイクに乗って箱根を攻めたり、第三京浜で賭けレースをしたり、暴走族を見かけるとおしりペンペンをして逃げたりと、比較的、リスクの高い行動を繰り返してきました。

世間では若気の至りと呼ぶようですが、今はあまりそういうリスクの高い行動は取らなくなりました。私同様、若気の至りにあった人は、ある程度の年齢になると落ち着く傾向にあるようです。

なぜでしょうか。

まだ経験も知識も少ない若い頃は、物事の重大性をよく理解できていないとか、一部のコミュニティでは、危ないことがカッコイイ、といった特殊な規範がある可能性はあります。したがって、経験や知識が増えて危ないことが理解できるようになったとか、特殊な規範を持つ集団から離れたという理由もあるかもしれません。また、危ないことをやる体力がなくなったとか、視力などの機能が衰えたということで説明できるかもしれません。

しかし、若気の至りが落ち着く最も大きな原因は、「リスクの目標水準」の変化だと思います。歳を重ねるにつれて、守るべき対象ができたり、失うことができないものが増えたりします。結婚して子どもができたり、社会的な地位が向上していくと、自分が怪我をしたり、死んでしまったり、警察のお世話になったりすることで、家族が路頭に迷ったり、これまでの努力が水の泡になることがあります。昔は何とも思わなかった危ない運転も、ふと家族の顔が浮かび、こわくなってしまうのです。こういったことが私たちの「このぐらいならまあいっか」というリスクの目標水準を変え、行動を安全なものにしたのでしょう。

話を聞いてもらう

最後は少し消極的な方法を書いておきます。消極的ではありますが、心配を克服するという意味では、なかなか効果的です。

心配は一種の悩みです。そして一人で悩むことはあまりいいことではありません。だから、心配なことを他人に打ち明けて、話を聞いてもらうだけでも、意外に心がすっきりするものです。この時、あまり心配性の人に打ち明けるのはオススメではありません。その人が自分以上にそのことを深刻に捉えて心配していたりすると、こちらも相談する前以上に心配になることがあるからです。

逆に相談された時（心配に限らず、相談全般において）は、相手の話をなるべく否定しないのがコツです。他人に話をして、自分が落ち着いたり癒やされたりするのは、共感してもらっているからです。「心配なんです」と相談してきた人に対して「そんなこと、心配するほどのことじゃない」といってしまうと「ああ、この人に相談してもダメだな」と思われてしまいます。しかし「心配なんです」に対して「なるほど、心配しているんですね。どんなことが心配なんですか？」と言葉を受けとめてあげるだけで、相手はいろいろと話をしてくれます。そして、こちらが相槌《あいづち》を打っているうちに、だんだんと落ち着いていくはずです。聞き上手といわれる人をよく観察してみると、相手の言葉を繰り返しているだけだったりします。客観的なデータを示すよりも、「心配なんですね」と共感することのほうが、ずっと相手を安心させる場合もあるのです。

この章のまとめ

ここまで心配を克服する方法や危険を回避する方法をいろいろと書いてきました。ただし、危険を回避する方法は非常に多様で、とても一冊の本に書ききれる内容ではありません。大切なのは、自分でどうやったら危険を回避できるのか考える癖をつけること、そして、考えてもわからない場合は、調べたり人に聞いたりして解決する癖をつけることです。そうすることで自分の知識も増えていき、自分に合った危険回避の方法が見つかるでしょう。また、最後に書いた「共感」も重要です。誰かに共感してもらっても、危険が減るわけではなく、根本的解決にはなりませんが、未来のことを心配しすぎて今が楽しくなくなるのは、あまりいいことではありません。

心配とはもともと主観的なものなので、捉え方次第なのです。

リスクをちゃんと計算してみる。減らす努力をしてみる。それでもダメならいっそ考えるのをやめる、というのも人生を楽しむ秘訣なのかもしれませんね。

おわりに――幸せな生き方

私は最近、東京の北東部にある北千住という駅の近くに引っ越しました。通勤が便利ということもあるのですが、昔北千住に立ち寄ったことがあって、とても魅力的な街だな、と思っていたのが最大の理由です。新しい職場が北千住の沿線だということが決まると、迷わずに不動産屋さんに北千住の物件を探してもらいました。

ところが、新しい職場で「自宅は北千住です」というと、職場のみなさんが口を揃えて「よくそんな危ないところに住むね」というのです。私の新しい職場は防災科学技術研究所というところで、災害に詳しい人ばかりです。一方、職場が変わる前の私は交通事故とか医療事故とか産業事故のことを中心に研究していました。「安全」というキーワードでつながっているとはいえ、その時点で、私は災害に関してほとんど素人だったわけです。

いろいろと調べてみると、たしかに北千住は、引越前に住んでいた石神井公園とくらべて災害の危険性が高い街だとわかりました。荒川と隅田川という大きな川に挟まれた土地で、海抜は一メートルぐらいしかありません。だから洪水の可能性があり、ひとたび水に浸かればなかなか水が引かないでしょう。地盤もあまり良くないので、地震が来ると他の地域よりも揺れが大きくなったり、液状化も起きるそうです。北千住駅周辺は江戸時代から栄える宿場町で、関東大震災でも第二次世界大戦でも奇跡的に焼失しなかった地域です。したがって、築一〇〇年を超える古い長家作りの木造建築がたくさんありますが、これらの建物の間には人がやっとすれ違える程度の狭い路地しかなく、火災の延焼のリスクも高い場所です。さらに、北千住駅は五つの鉄道路線が乗り入れる巨大駅で、乗り換え客まで含めると駅の利用者は軽く一〇〇万人を超えます。だから、夜になると駅周辺の飲食店街は人でごった返しています。こんな街を大地震や洪水が襲ったらなかなか大変なことになりそうです。

この街を災害に強い街にしようと思ったら、古い木造の建物を壊して区画整理をし、延焼しないように道路幅を広げ、液状化で傾かないように深くまで杭を打った上に揺れに強い鉄筋コンクリートの建物を作る必要があります。しかし、果たしてこういうことをするべきでしょうか？　北千住には一〇〇年以上続く居酒屋や江戸時代からある接骨院、古民家や古い蔵などを上手にリノベーションしたレストランやカフェなど、魅力的な場所がたくさんあります。そして、これらが入り組んだ路地にあったりして、街全体のなんともいえない魅力を形作っています。最近は新しい街にも、昭和レトロっぽい雰囲気を演出しているお店があり、これはこれで悪くはないのですが、北千住にあるホンモノにはかなわないなあと思います。

街並みを壊すのはとても簡単です。しかし、つくり上げるためには長い長い時間と、数々の偶然が重なる必要があるので、壊したものは二度と元通りにはなりません。狭い路地を拡幅すればたしかに延焼のリスクは減らせます。しかし、道が広くなって車がたくさん入ってくるようになると、地域が分断されて歩きにくくなり、繁華街は衰退します。木造の長屋を鉄筋コンクリートのビルにしてしまえば、たしかに地震による倒壊のリスクは減らせますが、土地が高い駅周辺を再開発してしまうと、個人店が再進出することは難しく、結局チェーン店ばかりの特徴のない街になってしまいます。

そもそも、私たちがなぜ心配し、リスクを下げようとしているかというと、自分や家族の生命や健康、財産など、大切なものを守ろうとしているからです。人命が大切なのは当たり前ですが、長い歴史の中で人々が築き上げてきた文化や街並み、そしてそこで生まれる出会いや別れ、人生のドラマなども大切なもののはずです。幸い今のところ、このあたりを区画整理しようという具体的な話はなさそうですが、リスクを下げるために大切なものを壊すのは本末転倒でしょう。少なくとも私にとって、この街に住むことの魅力は、災害のリスクの高さを差し引いても十二分にお釣りがくることです。心配だからリスクを避けるのも一つのやり方ですが、なんだかんだで危ないことはあるかもしれないけど、それでもここで生きていくんだと開き直ってみるのもひとつの手です。そして、案外そのほうが人生が豊かなものになるのかもしれませんね。

＊

自分で言うのもなんですが、私のプロフィールはちょっと変わっています。国際関係学部卒業で、心理学が専門、トラック（それも大きなトレーラー）のドライバー経験あり、早稲田大学で教員経験あり、博士の学位の他に危険物取扱や重機の資格も持っていて、運転免許は牽引二種と大特二種以外は全て持っています。ここまでは男前っぽい感じですが、趣味は料理と娘のヘアアレンジ（どちらもかなり本格的なやつ）、可愛いものが大好きでバッグは基本的にレディースしか持ちません。男物はポケットが少ない上に可愛くないのでというわけで早稲田時代の同僚からは女子力の高いオジサンと呼ばれていました。私になぜ女子力がついてしまったのかはちょっとわかりませんが、それ以外の経歴は一貫性がないように見えて、実はリスクと深く関わっています。

私の両親は子ども時代に戦争で大変な思いをした世代です。そこで若いころの私は国同士の争いを解決しようとする国際関係学に興味を持ちました。自分の手で、戦争による不幸を減らしたいと思ったのでしょう。しかし、昔から飽きっぽい上に何にでもすぐに手を出してしまう性格だった私は、大学時代ろくに勉強もせずにバイクや車にのめり込み、国際関係学ではなく偶然受けた心理学の授業に夢中になってしまいます。

私が大学を卒業したのはバブル崩壊後の前代未聞の就職難の時代。どうせろくな就職もできないだろうし、運転好きだし、もうちょっと勉強もしたいし「とりあえず金でも貯めるか」ということで、学生時代に趣味で取っていた免許を活かしてタンクローリーに乗り始めます。そこで交通事故のことを考えるようになってみたら、実は戦争による犠牲者よりも交通事故の犠牲者のほうがずっと多いことに気づきます。

三年ほど経った頃、当時看護学生で卒業間近だった今の家内に「進学するなら私が食わせてやるから受験しな」といわれて一念発起。ドライバーやってたし、心理学勉強したいし「そうだ、交通事故を減らす人になろう」ということで、前日本交通心理学会会長の石田敏郎先生の門をたたきます。

そこからは自分でも驚くほど真面目に研究をして、リスクのことや、それを捉える心のことを随分勉強しました。そのまま早稲田大学で修士課程、博士課程、助手、助教と進み、東日本大震災が起きた二〇一一年から「リスク心理学」という授業を持つようになります。自分でいうのもなんですが、この授業はなかなかの人気授業でした。本書の内容には、この授業の内容がふんだんに盛り込まれています。

さて、はじめは戦争リスクを減らそうとして、次に事故リスクを減らそうとしていた私は、現在災害リスクを減らすための研究所で働いています。つくづくリスクに縁のある人生のようです。本業の方はいずれもリスクそのものを減らすお仕事ですが、できればみなさんの不要な心配も減らしたい、そんな思いで本書を書きました。さていかがだったでしょうか。心配しなさすぎも困りものですが、この本を参考にしていただき、心配とほどほどに付き合いながら、楽しい人生を送っていただければ幸いです。

二〇一五年一二月　北千住の自宅にて

参考文献

中谷内一也『リスクのモノサシ　安全・安心生活はありうるか』（NHKブックス、二〇〇六年）
広田すみれ、増田真也、坂上貴之『心理学が描くリスクの世界　行動的意思決定入門』（慶應義塾大学出版会、二〇〇二年）
岡本浩一、今野裕之『リスク・マネジメントの心理学　事故・事件から学ぶ』（新曜社、二〇〇三年）
ダレル・ハフ著、高木秀玄翻訳『統計でウソをつく法　数式を使わない統計学入門』（講談社ブルーバックス、一九六八年）
ビョルン・ロンボルグ著、山形浩生翻訳『地球と一緒に頭も冷やせ！　温暖化問題を問い直す』（ソフトバンククリエイティブ、二〇〇八年）

図版作成／デマンド

島崎敢（しまざきかん）
1976年東京生まれ。心理学者。小学校から高校まで一貫してストーブ係として冬の教室のリスク管理に努める。静岡県立大学国際関係学部卒業後、大型トラック運転手などを経て、早稲田大学大学院人間科学研究科博士課程単位取得満期退学。早稲田大学人間科学学術院助教を経て、現在、国立研究開発法人・防災科学技術研究所特別研究員。http://shimazakikan.com

心配学《しんぱいがく》「本当《ほんとう》の確率《かくりつ》」となぜずれる？

2016年1月20日初版1刷発行

著　者 —— 島崎　敢
発行者 —— 駒井　稔
装　幀 —— アラン・チャン
印刷所 —— 堀内印刷
製本所 —— 榎本製本
発行所 —— 株式会社光文社
東京都文京区音羽1-16-6（〒112-8011）
http://www.kobunsha.com/
電　話 —— 編集部03（5395）8289　書籍販売部03（5395）8116
業務部03（5395）8125
メール —— sinsyo@kobunsha.com

ISBN 978-4-334-03899-1

795
若田光一 日本人のリーダーシップ
ドキュメント 宇宙飛行士選抜試験Ⅱ
小原健右 大鐘良一

「対応力」「調整力」「決断力」。アジアで初めて国際宇宙ステーション船長に若田光一が抜擢されたのはなぜか？ 本物のリーダーの条件とは？ 永遠のテーマに人気取材陣が挑む！

978-4-334-03898-4

796
心配学
「本当の確率」となぜずれる？
島崎敢

インフルエンザと交通事故、どっちが死ぬ確率は高い？ 心配の度合いと、本当の確率は大きくずれる。人生の正しい選択のための学問「心配学」の世界へ、気鋭の心理学者が誘う。

978-4-334-03899-1

797
韓流スターと兵役
あの人は軍隊でどう生きるのか
康熙奉

ユンホ、チャンミン、ジェジュン……続々と入隊する20代の大物韓流スターたち。徴兵制のため2年近くファンの前から姿を消さざるをえない彼らの苦悩、そして兵役の日々の実態とは。

978-4-334-03900-4

798
ユダヤ人と近代美術
圀府寺司

有史以来、離散・追放・移住・迫害を余儀なくされてきた人々は、どのようにして美術という世界と関わり、そこに自らの生を託してきたのか。これまで語られることのなかった物語。

978-4-334-03901-1

799
今を生き抜くための
70年代オカルト
前田亮一

UFO、UMA、超能力、心霊写真、ピラミッド・パワー、ムー大陸、四次元……ネット時代の今の視点から、あの頃オカルトがくれた自由や情熱、戦後の日本人像を再検証する。

978-4-334-03902-8